AF465332

RELATION
D'UN VOYAGE
DANS LA MER DU NORD,

AUX Côtes d'Islande, du Groenland, de Ferro, de Schettland, des Orcades & de Norwége; Fait en 1767 & 1768.

PAR M. DE KERGUELEN TRÉMAREC,

Lieutenant des Vaisseaux du Roi, de l'Académie Royale de Marine, Commandant les Frégates la Folle & l'Hirondelle.

Ouvrage enrichi de Planches.

A PARIS,
DE L'IMPRIMERIE DE PRAULT.

M. DCC. LXXI.
Avec Approbation & Privilége du Roi.

A MONSEIGNEUR
LE DAUPHIN.

MONSEIGNEUR,

LE CORPS de la Marine du Roi, n'ignore pas que la Tactique navale entre dans l'ordre de vos études les plus sérieuses & les plus chéries, & que vos connoissances dans cette partie étonneroient nos Officiers les plus inſtruits & les plus expérimentés. Quelle gloire pour nous, MONSEIGNEUR, *que vous daigniez vous occuper de notre art & de nos manœuvres! Quelle noble & vive émulation votre auguſte exemple ne va-t'il pas exciter dans nos Ports! Quels efforts inouis n'allons-nous pas faire pour nous rendre dignes de vous admirer! L'Ouvrage que vous m'avez permis,* MONSEIGNEUR, *de publier ſous vos auſpices, n'eſt qu'un foible eſſai du zéle qui m'anime pour le ſervice du Roi. Ce zéle redouble aujourd'hui, & par l'honneur que je reçois de vous préſenter ce premier fruit de mon travail, & par la certitude de l'offrir à un* PRINCE *dont les lumieres ſupérieures l'apprécieront ſans doute à ſa juſte valeur, mais en même tems dont l'indulgente bonté excuſera les défauts que ſon œil pénétrant pourroit y découvrir.*

Je ſuis, avec le plus profond reſpect,

MONSEIGNEUR,

Votre très-humble & très-obéiſſant ſerviteur,
KERGUELEN.

AVERTISSEMENT.

L'IMPERFECTION des cartes de la mer du nord, les erreurs que j'ai reconnues dans la ſituation des ports & des rades où j'ai relaché, les difficultés que j'ai trouvées dans une navigation où il faut lutter contre des courans, eſſuyer de fréquentes tempêtes, manœuvrer au milieu des glaces, où les variations de la bouſſole, différentes, pour ainſi dire, à chaque pas, jettent dans des incertitudes continuelles ſur l'eſtime des routes, en un mot tous les obſtacles qu'il m'a fallu vaincre, me font eſpérer que ce journal, qu'on m'a ordonné de publier, ſera de quelque utilité.

Quoique j'entre dans pluſieurs détails intéreſſans, ſur le climat, l'hiſtoire naturelle, le gouvernement, les mœurs & les coutumes des peuples du Nord, cet ouvrage cependant eſt moins fait pour ceux dont les jours coulent tranquillement à terre dans le ſein de la molleſſe, que pour ceux qui par état & par honneur paſſent d'un hemiſphere à l'autre, & bravent mille périls, ou pour enrichir ou pour ſervir leur patrie. Cette relation n'eſt donc en général qu'un recueil des obſervations que j'ai faites ſur les erreurs des cartes, ſur la ſituation des ports, ſur le giſſement des côtes que j'ai parcourues, ſur les précautions qu'il faut prendre pour les aborder, ſur les mouillages, ſur les attentions qu'ils exigent, ſur la poſition des écueils, ſur les marées, ſur la direction des courans, ſur la déclinaiſon de l'éguille aimantée, enfin ſur tout ce qui peut intéreſſer les navigateurs.

Il n'eſt pas inutile de prévenir le lecteur que les noms iſlandois, danois, anglois &

norwégiens, ſont écrits dans ce journal ſuivant l'ortographe du pays. Les noms des vents s'y trouvent ſouvent en abrégé, ſuivant l'uſage, avec la premiere lettre des quatre cardinaux, Nord, Sud, Eſt & Oueſt, N. S. E. O. ainſi Nord-Oueſt, N. O. Sud-Eſt, S. E. Preſque tous les plans des ports & des rades ſont ſur la même échelle, afin qu'on en connoiſſe facilement le rapport.

Le nord de la bouſſole, que j'ai tracé ſur mes plans, n'eſt point corrigé; cela m'a paru plus commode pour la pratique. J'ai cependant eu ſoin d'indiquer dans le cours de l'ouvrage la déclinaiſon de l'éguille aimantée, dans les différens parages dont je fais mention.

Je ne dois pas oublier d'avertir que tous les relevemens de terres & de mouillages ſont au compas; que la latitude eſt toujours nord, la variation nord-oueſt, & que je me ſers du méridien de Paris.

NOTA. On trouvera à la fin de cet Ouvrage, une explication des termes de Marine qui y ſont employés.

Le prix eſt de 9 livres broché.

EXTRAIT des Regiſtres de l'Académie Royale de Marine.

Du 14 Février 1771.

MEſſieurs DE BORY ET POISSONNIER qui avoient été nommés par l'Académie Royale de Marine pour examiner la Relation de deux Voyages dans la Mer du Nord, aux côtes d'Iſlande, du Groenland, de Ferro, de Schetland, des Orcades & de Norvége, faits l'un en 1767 & l'autre en 1768 par M. KERGUELEN DE TRÉMAREC, Lieutenant des Vaiſſeaux du Roi, Commandant les Frégates la Folle & l'Hirondelle, en ayant fait leur rapport, l'Académie a jugé que la publication de cet Ouvrage ſeroit d'autant plus utile aux Navigateurs, qu'on a peu de détails ſur la navigation de cette mer. Le 14 Février 1771.

Le Chevalier de GOIMPY, Secrétaire de l'Académie Royale de Marine.

APPROBATION.

APPROBATION.

J'AI lu par ordre de Monſeigneur le Chancelier un Manuſcrit qui a pour titre, *Relation d'un Voyage dans la Mer du Nord*, &c. par M. Kerguelen, Lieutenant des Vaiſſeaux du Roi, & je n'ai rien trouvé qui puiſſe en empêcher l'Impreſſion. A Paris, ce 12 Septembre 1770.

POISSONNIER.

PRIVILEGE DU ROI.

LOUIS, par la grace de Dieu, Roi de France & de Navarre: à nos amés & féaux Conſeillers les gens tenans nos Cours de Parlement, Maîtres des Requêtes ordinaires de notre Hôtel, Grand-Conſeil, Prévôt de Paris, Baillifs, Sénéchaux, leurs Lieutenans civils, & autres nos Juſticiers qu'il appartiendra: SALUT. Notre amé le ſieur PRAULT pere, Libraire-Imprimeur, nous a fait expoſer qu'il deſireroit faire imprimer & donner au Public la *Relation d'un voyage dans la mer du Nord, aux côtes d'Iſlande, de Groënland, de Ferro, de Schettland, des Orcades & de Norvege*, par M. de Kerguelen Tremarec, Lieutenant des vaiſſeaux du Roi, s'il Nous plaiſoit lui accorder nos Lettres de Privilege pour ce néceſſaire. A ces cauſes voulant favorablement traiter l'Expoſant, nous lui avons permis & permettons par ces préſentes de faire imprimer ledit Ouvrage autant de fois que bon lui ſemblera, & de le vendre, faire vendre & débiter par tout notre Royaume, pendant le tems de ſix années conſécutives, à compter du jour de la date des Préſentes. Faiſons défenſes à tous Imprimeurs, Libraires & autres perſonnes, de quelque qualité & condition qu'elles ſoient, d'en introduire d'impreſſion étrangere dans aucun lieu de notre obéiſſance. Comme auſſi d'imprimer, ou faire imprimer, vendre, faire vendre, débiter ni contrefaire ledit Ouvrage, ni d'en faire aucuns extraits, ſous quelque prétexte que ce puiſſe être, ſans la permiſſion expreſſe & par écrit dudit Expoſant, ou de ceux qui auront droit de lui, à peine de confiſcation des Exemplaires contrefaits, de trois mille livres d'amende contre chacun des contrevenans ; dont un tiers à Nous, un tiers à l'Hôtel-Dieu de Paris, & l'autre tiers audit Expoſant, ou à celui qui aura droit de lui, & de tous dépens, dommages & intérêts ; à la charge que ces Préſentes ſeront enregiſtrées tout-au-long ſur le Regiſtre de la Communauté des Imprimeurs & Libraires de Paris, dans trois mois de la date d'icelles ; que l'impreſſion dudit Ouvrage ſera faite dans notre Royaume & non ailleurs, en beau papier & beaux caractères, conformément aux réglemens de la Librairie, & notamment à celui du dix Avril mil ſept cens vingt-cinq, à peine de déchéance du préſent Privilege ; qu'avant de l'expoſer en vente, le manuſcrit qui aura ſervi de copie à l'impreſſion dudit Ouvrage, ſera remis dans le même état où l'Approbation y aura été donnée ès mains de notre très-cher & féal Chevalier, Chancelier, Garde des Sceaux de France, le ſieur de Maupeau ; qu'il en ſera enſuite remis deux Exemplaires dans notre Bibliotheque publique, un dans celle de notre Château du Louvre, & un dans celle dudit ſieur de Maupeou, le tout à peine de nullité des Préſentes : du contenu deſquelles vous mandons & enjoignons de faire jouir ledit Expoſant & ſes ayans cauſe, pleinement & paiſiblement, ſans ſouffrir qu'il leur ſoit fait aucun trouble ou empêchement. Voulons que la copie des Préſentes, qui ſera imprimé tout-au-long, au commencement ou à la fin dudit Ouvrage, ſoit tenue pour duement ſignifiée, & qu'aux copies collationnées par l'un de nos amés & féaux Conſeillers-Secrétaires, foi ſoit ajoutée comme à l'original. Commandons au premier notre Huiſſier ou Sergent ſur ce requis, de faire pour l'exécution d'icelles, tous actes requis & néceſſaires, ſans demander autre permiſſion, & nonobſtant clameur de Haro, Charte Normande, & Lettres à ce contraire : car tel eſt notre plaiſir. Donné à Paris le treizieme jour du mois de Février l'an de grace mil ſept cens ſoixante-onze, & de notre Regne le cinquante-ſixieme. Par le Roi en ſon Conſeil,

LE BEGUE.

Regiſtré ſur le Regiſtre XVIII. de la Chambre Royale & Syndicale des Libraires & Imprimeurs de Paris, n°. 1330, fol. 437, *conformément au réglement de* 1723. *A Paris, ce* 19 *Février* 1771.

J. HÉRISSANT, *Syndic.*

AVIS au Relieur pour placer les Cartes géographiques & les Estampes.

CARTES GÉOGRAPHIQUES.

ESTAMPES.

Nota. Le Relieur prendra garde de rogner le moins qu'il pourra, crainte d'atteindre les Cartes.

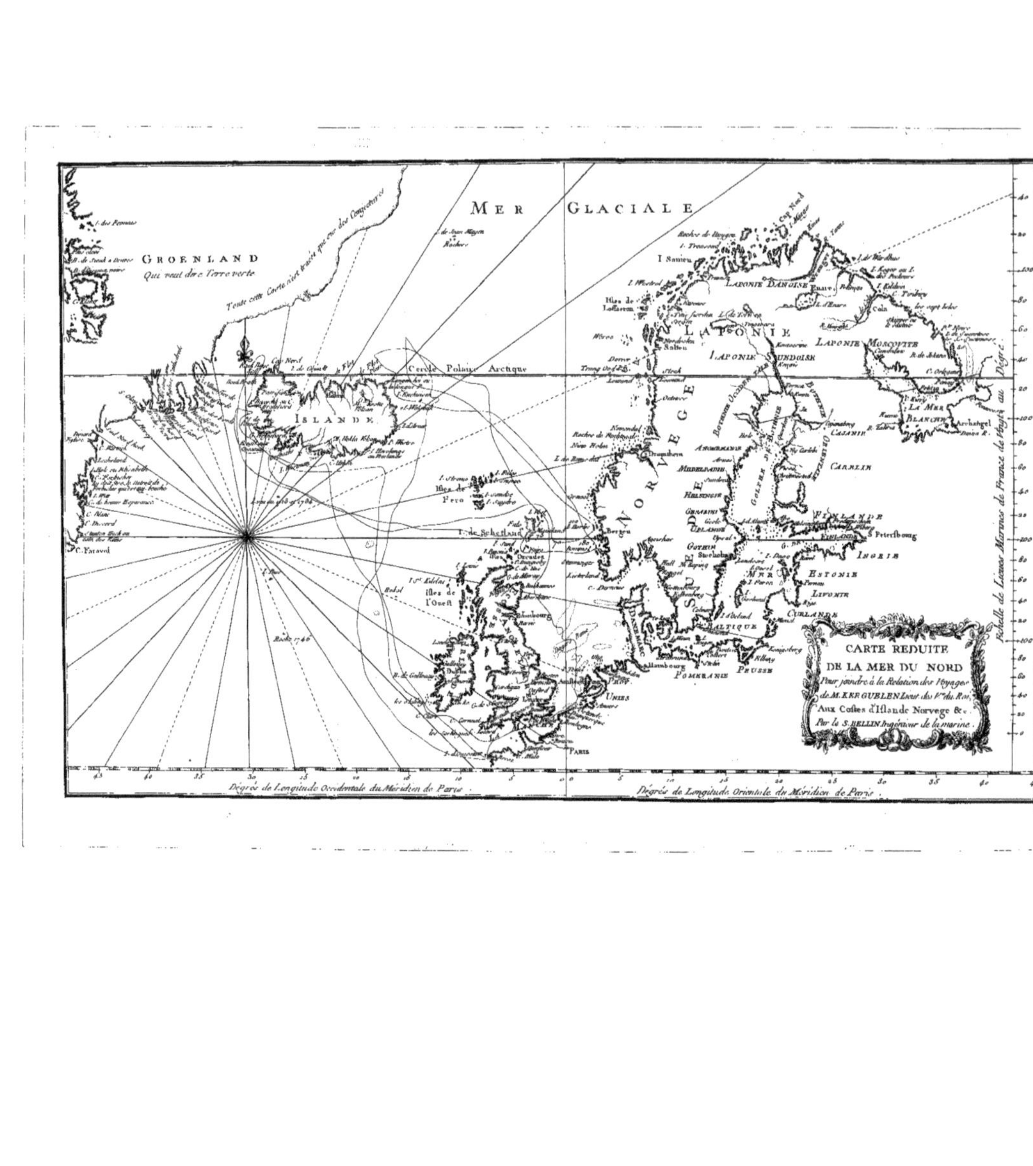

CARTE REDUITE
DE LA MER DU NORD
Pour joindre à la Relation des Voyages
de M. KERGUELEN Lieut. des Vx. du Roi,
Aux Costes d'Islande Norvege &c.
Par le S. BELLIN Ingénieur de la marine.
MER GLACIALE
GROENLAND
Qui veut dire Terre verte
Toute cette Carte n'est tracée que sur des Conjectures
Cercle Polaire Arctique
ISLANDE
LAPONIE
LAPONIE DANOISE
LAPONIE MOSCOVITE
NORVEGE
SUEDE
FINLANDE
ESTONIE
LIVONIE
CURLANDE
POMERANIE
PRUSSE
INGRIE
CARELIE
LA MER BLANCHE
Archangel
S.t Petersbourg
Isles de Fero
I. de Schetland
Orcades
Isles de l'Ouest
PARIS
C. Farewel
Degrés de Longitude Occidentale du Méridien de Paris
Degrés de Longitude Orientale du Méridien de Paris
Echelle de Lieues Marines de France de Vingt au Degré

RELATION D'UN VOYAGE DANS LA MER DU NORD,

Aux Côtes d'Islande, du Groenland, de Ferro, de Schettland, des Orcades & de Norwège.

INTRODUCTION.

LE ROI voulant encourager & protéger la pêche de la morue qui se fait sur les côtes d'Islande depuis le mois d'avril jusqu'au mois de septembre, M. le duc de Praslin, ministre & sécrétaire d'Etat au département de la marine, destina la frégate la Folle Objet de la mission.

pour aller en ftation en Iflande, afin de maintenir le bon ordre parmi les pêcheurs François, de les protéger, & de leur fournir les fecours dont ils pourroient avoir befoin. Je reçus à Breft, vers la fin de janvier 1767, un ordre de M. le duc de Praflin de me rendre à la cour, pour affaire concernant le fervice du roi. Je partis à l'inftant même, j'arrivai à Verfailles, & je me préfentai au miniftre, qui me dit qu'il m'avoit choifi pour commander la frégate la Folle, de 26 canons de huit, qui feroit armée de 200 hommes d'équipage, pour aller remplir la miffion dont je viens de parler. Quoique cette campagne m'annonçât beaucoup de peines & de fatigues, fa nouveauté & le goût que j'ai toujours eu dès ma plus tendre enfance pour les voyages, me cauferent une fatisfaction qu'il ne m'eft pas poffible d'exprimer. M. Rodier, premier commis de la marine, me fit communiquer différens mémoires & différentes ordonnances, concernant la pêche en queftion. J'eus l'honneur de voir pour le même objet M. le préfident Ogier, qui, dans fon ambaffade en Dannemarck, avoit été à portée de connoître cette branche de commerce, & qui avoit terminé à notre avantage des difficultés élevées à cette occafion. M. le préfident Ogier eut la bonté de me donner tous les éclairciffemens que je pouvois fouhaiter: il me dit que le roi de Dannemarck avoit accordé à une compagnie, formée à Copenhague, le privilége exclusif du commerce d'Islande ; que tout bâtiment étranger, que tout bâtiment même Danois, autre que ceux de cette compagnie, étoit dans le cas de confiscation s'il étoit pris sur les côtes d'Islande ; que la compagnie entretenoit des gardes-côtes, pour soutenir ses droits & s'emparer des navires interlopes ; que ces gardes-côtes s'étoient rendus maîtres, il y a trois ans, de deux bâtimens de Dunkerque qui avoient été vendus à Copenhague ; que ces deux bâtimens étoient des pêcheurs de morue sur la côte d'Islande, qui avoient été surpris dans un port par les gardes-côtes, lesquels leur avoient trouvé de la laine & autres marchandises de contrebande ; mais qu'étant alors ambassadeur il les avoit réclamés, & qu'ils avoient été rendus avec dommages & intérêts. M. le duc de Praslin m'ordonna d'aller à Dunkerque, pour conférer avec MM. de la chambre du Commerce sur les moyens de ranimer la pêche, & d'en assurer le succès par la bonne règle & la discipline qu'il falloit établir parmi les pêcheurs. Après avoir pris à Dunkerque toutes les mesures nécessaires, & avoir fait choix de deux marins pratiques des côtes d'Islande, je revins à Versailles recevoir les derniers ordres de M. le duc de Praslin, & je me rendis ensuite à Brest, pour faire armer ma frégate ; elle fut mise dans le bassin le premier d'avril, pour être carennée ; elle en sortit le 3 ; & le 4 je commençai mon armement, dont je divisai le détail entre mes officiers, pour accélérer la besogne. M. Duchastel, lieutenant de vaisseau, qui étoit mon second, fut chargé de l'arrimage & du détail général, avec M. de la Martellière, enseigne de vaisseau. M. le chevalier Ferron, lieutenant de vaisseau, eut le détail des vivres, avec MM. Pehan & le Rouge, enseignes de vaisseau. MM. Lerondel & le chevalier Mengeau, enseignes de vaisseau, eurent le soin de l'artillerie & des munitions de guerre, & MM. Dorvault & Mengeau l'aîné, firent travailler aux gréemens & aux apparaux. Ma frégate, par les soins de ces officiers, dont les talens sont au-dessus de l'éloge, fut armée en quatre jours, avec des vivres pour six mois. Elle fut conduite en rade le 11 avril, où je mouillai par dix brasses d'eau, fond de sable & vase, & j'affourchai est-sud-est & ouest-nord-ouest, avec une grosse ancre. Etant amarré, je relevai la pointe du Porzic au ouest-quart-sud-ouest, cinq degrés sud, & l'isle-ronde au sud, quart-sud-est, quatre degrés est. Ce mouillage est le meilleur de la rade; il se nomme la Fosse, parce que le fond remonte à l'entour; mais, comme il est un peu éloigné du port, il est plus souvent occupé par les gros vaisseaux.

Il ne m'arriva rien d'intéressant en rade, jusqu'au 21 que j'essuiai un coup de vent violent de la partie du sud & du sud-ouest. Le temps que je passai en rade fut employé à exercer l'équipage à la manœuvre

& au canon. M. Duchatel fit les rôles de quart & de combat; celui de combat fut fait d'une façon qui devroit être généralement ſuivie : c'eſt de diſtribuer, par exemple, le quart de ſtribord ſur tous les canons impairs, comme 1, 3, 5, 7, & le quart de bas-bord ſur les pièces pairs, comme 2, 4, 6, 8.

Par ce moyen on ne peut jamais être ſurpris; car le quart qui eſt de ſervice ſur le pont, peut, jour & nuit, armer & ſervir la moitié des canons. On peut encore ſe préparer tout d'un coup & ſe battre des deux bords, en criant ſtribord à ſtribord & bas-bord à bas-bord. Enfin, le quart qui veille peut faire l'exercice du canon, ſans éveiller qui que ce ſoit du quart qui repoſe.

PREMIERE PARTIE.

Contenant la traverſée de Breſt en Iſlande.

JE reçus mes inſtructions de la cour le 26 avril 1767, & le lendemain 27 je partis de la rade de Breſt à neuf heures du matin, avec un commencement de flot, & par un vent de nord-eſt foible, mais qui fraîchit à meſure que je m'éloignai de terre; à cinq heures du ſoir nous relevâmes l'iſle d'Oueſſant à l'eſt quart nord-eſt, diſtance de cinq lieues & demie. Je fis gouverner toute la nuit au oueſt-nord-oueſt, pour gagner le large, & voyant au jour que les vents ſe fixoient dans la partie de l'eſt, je fis mettre le cap au nord quart nord-oueſt, pour aller prendre connoiſſance du cap Clark. Le 28, à midi, j'étois, par la latitude obſervée, de 48 degrés 46 minutes, & par 10 degrés 3 minutes de différence occidentale du méridien de Paris. J'obſervai au coucher du Soleil 20 degrés de variation nord-oueſt. Le 29 à huit heures & demie du matin, après avoir fait 45 lieues eſtimées depuis la veille, je découvris le cap Clark. A dix heures étant à ſept lieues, dans le ſud quart ſud-oueſt du cap Miſſene, je fis ſonder & je trouvai ſoixante-cinq braſſes d'eau, fond de ſable vazard, mêlé de cailloux. Je fis enſuite ſervir & gouverner

Atterage au cap Clark.

au nord-oueſt-quart-d'oueſt. J'étois le 29 à midi, par la latitude obſervée, de 51 dégrés 5 minutes, & par 12 dégrés 24 minutes de longitude occidentale. Le ſieur Boutanquoy, mon premier pilote, obſerva le matin 21 dégrés de variation. Je remarquai qu'il vaut mieux atterrer ſur le cap Miſſene que ſur le cap Clark, parce que le premier eſt plus haut & plus facile à reconnoître. Je pris connoiſſance des iſles Schyllings, que je trouvai mal jettées ſur la carte réduite de M. Bellin, ingénieur de la marine, gravée en 1751. Ces iſles courent plus à oueſt & oueſt-quart-ſud-oueſt, qu'elles ne ſont portées ſur la carte en queſtion.

Eſtime des courans.

En faiſant route depuis le cap Clark, juſqu'aux iſles Schyllings, j'ai remarqué que les courans portoient ſenſiblement dans la partie du nord-eſt. Après avoir doublé ces iſles, je mis le cap au nord-quart-nord-oueſt. Le 30, j'obſervai à midi 52 dégrés 44 minutes de hauteur polaire, & j'étois, à mon eſtime, par 14 dégrés 54 minutes de différence occidentale du méridien de Paris. A midi je fis gouverner au nord-nord-eſt, les vents de la partie du ſud-eſt, foibles, & la mer belle.

Le premier mai, j'eſtimois être à midi, par la latitude, de 53 dégrés 18 minites, & j'obſervai 53 dégrés 30 minutes, ce qui me donnoit 12 minutes de différence en 24 heures; cette erreur ne pouvoit provenir de la ligne de loch, dont j'avois fait faire les

Na. Je dis 2850 toises, au lieu de 2853, pour la facilité du calcul.

nœuds de 47 pieds 6 pouces; ce qui doit être, car la lieue marine étant réduite à 2850 toises, par les opérations de Messieurs de l'académie des sciences, qui, en 1672, ont trouvé qu'un dégré dans le ciel valoit 57000 toises sur la terre. (*a*) Si l'on prend le tiers de 2850 toises, on aura 950 toises du châtelet de Paris, ou 5700 pieds de roi, & si on les divise par 120, on aura 47 pieds $\frac{1}{2}$ pour chaque nœud ou intervalle qui sépare les nœuds de la ligne de loch. L'erreur ne provenoit pas non plus des demie minuttes, que je vérifiai en les comparant entr'elles & au mouvement de l'aiguille à secondes de ma montre. On ne sçauroit vérifier trop souvent ces petits sabliers qui servent à mesurer le chemin par le développement de la ligne de loch, pendant leur durée qui est d'une demie minute; car la vicissitude de la sécheresse & de l'humidité, peut causer de grandes erreurs. Une seule seconde de différence dans la demie-minute, donne plus de 30 lieues de différence sur 1000 lieues de chemin. Il est inutile d'entrer dans de plus grands détails sur cette matiere si souvent traitée, & particulierement par M. Dechabert, aujourd'hui capitaine

(*a*) Eratosthène qui vivoit 250 ans avant Jesus-Christ, avoit cherché le rapport des dégrés du ciel aux lieues de la terre, mais ses opérations ne nous ont laissé que des incertitudes.

Nota. Les 57000 toises nous donnent 2850 toises pour la lieue marine; parce qu'en France on veut que le dégré contienne 20 lieues.

de

de fregate, qui, dans ſon Voyage de l'Amérique ſeptentrionale, fait connoître toutes les cauſes des erreurs de navigation (*a*). Il ſuffit de dire que les 12 minutes de différence en latitude ne venoient point de la ligne de loch ni des ſabliers, mais des courans que j'eſtime porter au nord-eſt dans cette partie, à cauſe de la baye de Gallowai, du giſſement des terres qui courrent nord & ſud, & des vents de ſud-oueſt qui ſoufflent preſque toujours dans ces parages, & qui doivent néceſſairement déterminer les courans à porter au nord-eſt.

Je trouvai encore le lendemain une différence nord de la hauteur à mon eſtime, & j'apperçus des lits de marée & de goeſmon qui étoient dans la direction ſud-oueſt & nord-eſt, ce qui me confirma dans mon opinion. J'obſervai le même jour, au coucher du ſoleil, 22 degrés 50 minutes de variation; & quelque tems avant ſon coucher nous eumes le ſpectacle le plus agréable. Les rayons du ſoleil rompus & réflechis par d'épais nuages à l'horiſon, repréſentoient, à deux lieues apparentes de nous, un fleuve rapide qui ſembloit ſe précipiter en caſcades à gros bouillons d'or, d'azur & d'argent. Phénomène.

Le 3, le 4 & le 5 nous n'eumes aucun événement intéreſſant; les vents varierent, & je courus les bor-

(*a*) M. de Goympy, Capitaine de Fregate, a auſſi donné des Remarques très-intéreſſantes ſur le Pilotage.

dées les plus avantageuſes : j'avois eû juſqu'au 3 les vents de la partie du ſud-eſt.

Le 6, après avoir couru tout le jour au nord-quard-nord eſt, les vents à l'eſt gros frais, la mer mâle ſous les quatre voiles majeures, les ris pris dans les huniers, je mis à huit heures du ſoir à la cape, & je ne fis route qu'au jour, parceque je m'eſtimois à 5 lieues dans le ſud-ſud-eſt d'un banc de ſable marqué ſur les cartes Hollandoiſes. Le 7 j'obſervai à midi 56 degrés 41 minutes de latitude, & j'étois par 16 degrés 15 minutes de longitude occidentale.

Le 8, à minuit, il ſe déclara un coup de vent d'eſt violent, la mer devint affreuſe ; il tomboit de la neige & de la grêle ; & nous avions plus froid qu'il ne fait à Paris dans l'hyver le plus âpre. Je me ſouvins alors de l'application que ſe faiſoit M. de Frezier, dans la même circonſtance que moi, en doublant le cap Horn, de cette penſée d'Horace.

Coup de vent.

Melius ne fluctus ire per longos
Fuit an recentes carpere flores. (a)

En effet, il y a bien de la différence entre la douceur des beaux jours qu'on paſſe à terre en France au mois de May, & l'horreur du tems qu'il nous falloit eſſuyer ; & quand je comparois la tranquillité de la vie qu'on peut mener à terre quand on a quel-

(a) Hor. liv. 3. Ode 27.

que aiſance, avec les fatigues de la mer, ſurtout dans les mauvais tems; j'étois ſurpris alors qu'un homme qui jouit d'une fortune honnête, pût ſe livrer deux fois aux caprices des vents & des flots; mais par une grace d'état une heure de beau tems fait oublier vingt-quatre heures de peine & de périls.

Le 9 nous eûmes continuation du même tems, le vent fut également furieux, & la mer également terrible; je reſtai à la cape: je voulus porter un moment le grand hunier, avec la miſaine, pour couper de jour la latitude d'un autre banc marqué ſur toutes les cartes Hollandoiſes, & dont les Pilotes pratiques que j'avois à mon bord m'aſſuroient l'exiſtance conſtatée par la perte de pluſieurs Navires; mais je fus forcé de ſerrer le grand hunier: le banc en queſtion a du nord au ſud, ſuivant les Hollandois, 11 lieues, & de l'eſt à l'oueſt environ 5 lieues. Je l'ai fait marquer ſur nos cartes. Je n'aſſure pas qu'il y ait en cet endroit un haut fond dangereux, mais je ſuis perſuadé qu'il y a un banc, à en juger par la quantité prodigieuſe d'oiſeaux de toute eſpèce que j'ai vû couvrir la ſurface des eaux, par la multitude de ceux qui ne quittent jamais le fond, & par les coups de mer que nous avons reçûs. Je fis ſonder pluſieurs fois dans le jour, & à l'entrée de la nuit, ſans trouver fond; alors, excédé par le mauvais tems & par l'agitation d'un roulis violent qui nous tourmentoit depuis deux jours, je me retirai pour prendre un peu de repos,

Haut fond.

après avoir ordonné à l'Officier de quart de faire sonder à minuit; ce qui fut exécuté. Après avoir filé 65 brasses de la ligne, on cria fond, parceque le plomb n'en demandoit plus: mais comme le suif qu'on met sous le plomb pour prendre l'impression du fond ne marquoit rien, on crut qu'on s'étoit trompé, & l'on ne voulut point m'éveiller, comme j'avois dit de le faire si l'on trouvoit le fond. Je conjecture que nous avons passé sur l'extrémité du banc, & que nous avons eû la sonde des accords: ce qui me le persuade, c'est qu'examinant au jour le gros bout du plomb où l'on met le suif, je le trouvai empreint de quelques grains de sable fin dont avec le doigt on sentoit l'aspérité, & je pense que la grande agitation des vagues avoit lavé le plomb pendant qu'on le retiroit du fond de la mer d'autant plus facilement que l'empreinte n'étoit chargée que d'un sable très-fin, qui paroissoit même mêlé de vaze.

Conjecture sur un haut fond.

Le 10 & le 11 nous eûmes continuation du même tems, les vents de la partie de l'est toujours violens, & la mer toujours grosse.

Je m'estimois le 11 à midi par la latitude de 61 degrés 20 minutes, & par 19 degrés 30 minutes de différence occidentale du méridien de Paris. Après midi les vents vinrent au sud-est; ils étoient moins impétueux, je trouvois cependant le tems encor trop mauvais pour attaquer la terre, mais voyant à quatre heures passer plusieurs bâtimens qu'on nomme Dogres, qui couroient vent arriere au nord-oueſt ; je jugeai que ces bâtimens qui étoient des Pêcheurs qui alloient en Iſlande, avoient vû & reconnu la veille les Iſles de Ferro, & que certains de leur poſition ils faiſoient route pour aller chercher les Iſles de Weſterman qui ſont au ſud de l'iſle d'Iſlande. La manœuvre de ces dogres, & l'ennui du mauvais tems me firent prendre le parti d'arriver. Je tins cependant un peu plus le vent que ces pêcheurs, & je fis gouverner au nord-nord-oueſt, afin d'atterrer plus haut, c'eſt-à-dire, plus à l'eſt que les iſles Weſterman.

Je fis cette route toute la nuit, & le lendemain 12 mai, à 5 heures du matin, j'eûs connoiſſance du cap Heckla, reſtant au nord-eſt, diſtance de 8 lieues. Ayant reconnu le cap Heckla, je fis route au oueſt-nord-oueſt pour aller prendre connoiſſance des iſles de Weſterman que je vis à huit heures. Je pris hauteur à midi, & par la différence de ma latitude obſervée à celle des relevemens, je trouvai que la côte étoit portée en général trop ſud de 8 minutes ſur le grand plan de M. Bellin, publiée en 1767. Nous obſervâmes le matin ſur le cap Heckla 29 degrés de variation. J'obſervai que le cap Heckla a deux pointes qui ſe prolongent à l'eſt & à l'oueſt. Nous vîmes auſſi le mont Heckla qui eſt à peu-près dans le nord-oueſt, corrigé du cap. Le volcan de cette montagne, un des plus conſidérables de la terre, eſt connu par ſes éruptions fréquentes & quelquefois terribles. J'en par-

Atterrage d'Iſlande.

lerai plus particulierement à la ſuite de ce journal. Entre le cap Heckla & les iſles de Weſterman, il y a un grand enfoncement où l'on m'a aſſuré qu'il y avoit de très-bons mouillages. Il y a ſur-tout derriere la pointe de l'oueſt du cap Heckla un excellent atterrage, où l'on eſt bien à l'abri: on y entre avec des vents de la partie du ſud & de l'oueſt. Il y a pluſieurs paſſages entre les iſles de Weſterman, mais ils ſont peu connus, car ils ne ſont fréquentés que par les Iſlandois; cependant quelques bâtimens de pêche qui atterrent ſur ces iſles s'y arrêtent pour pêcher, & j'ai vû un dogre de Dunkerque qui y avoit pris 70 tonneaux de morue en huit jours. Il paſſe entre toutes ces iſles un courant violent, elles m'ont paru s'étendre plus au ſud-oueſt qu'elles ne ſont portées ſur les cartes françoiſes & hollandoiſes. J'ai tiré la vue de ces iſles & du cap Heckla: voyez la planche premiere, figures 1, 2, 3 & 4. La diſtance des iſles Weſterman à la pointe occidentale d'Iſlande eſt bien obſervée ſur la carte de M. Bellin. Les courans portent au oueſt-nord-oueſt depuis le cap Heckla juſqu'aux iſles aux Oiſeaux, mais au milieu de ces iſles les courans portent au nord-oueſt avec des remoux épouvantables. Il y eſt pleine mer à 11 heures lorſque la lune eſt en conjonction ou en oppoſition. Entre les iſles de Weſterman & la pointe d'Iſlande, voiſine des iſles aux Oiſeaux, il y a des mouillages à la côte à l'abri des vents de la partie du nord, mais ſi le vent vient

Planche I.

Planche I.

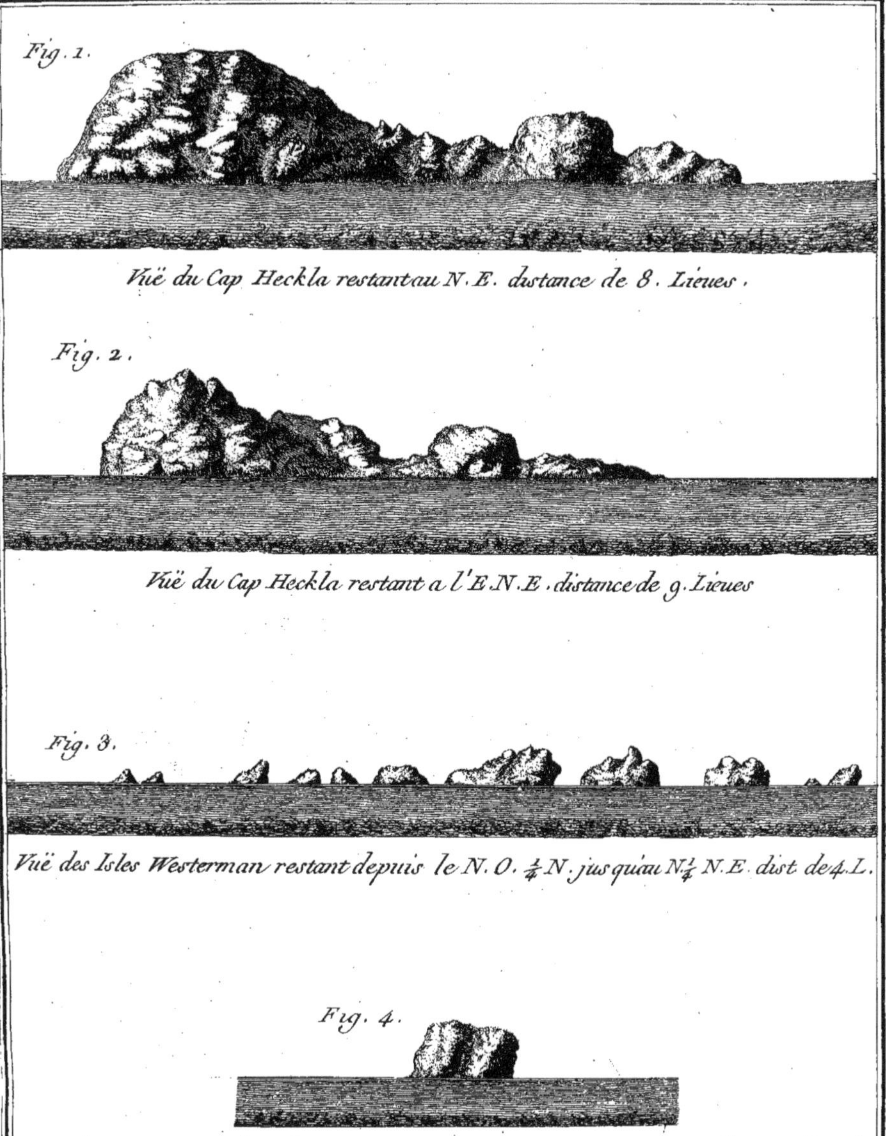

Fig. 1.

Vuë du Cap Heckla restant au N.E. distance de 8. Lieues.

Fig. 2.

Vuë du Cap Heckla restant a l'E.N.E. distance de 9. Lieues

Fig. 3.

Vuë des Isles Westerman restant depuis le N.O. ¼ N. jusqu'au N ¼ N.E. dist. de 4. L.

Fig. 4.

Vuë de la plus Occidentale des Isles Westerman restant au N.E. distance de 5 Lieues

Croisey Sculp.

à changer il faut lever l'ancre au plutôt pour se mettre au large. Toute cette côte est très-saine, & le passage est très-beau au milieu de toutes les isles aux Oiseaux.

Environ 20 lieues dans le sud de la pointe occidentale d'Islande, il y a un amas de roches qui forment une isle basse & dangereuse; elle n'étoit pas sur nos cartes, mais les Hollandois la connoissent: on l'a souvent vûe. Un habitant d'Islande, homme de beaucoup d'esprit & d'une grande érudition, qui a fait plusieurs voyages à Copenhague, qui a même écrit un abrégé de l'histoire naturelle d'Islande, m'a souvent parlé de cette isle dangereuse qui n'étoit marquée que sur les cartes hollandoises. Lui ayant envoyé une carte Isle dangereuse. françoise d'Islande à grands points, où j'avois marqué au crayon la position de cet amas de roches suivant les Hollandois : il m'écrivit, pour me remercier, une lettre en latin, qui étoit la langue qui me permettoit de jouir de sa savante & instructive conversation ; & voici ce qu'il me marquoit en me parlant de cette isle basse. *Lœtus video te ipsum notovisse scopulos quos ipse semel vidi transeundo.* » Je vois, dit-il, avec plaisir que » vous avez vous-même marqué sur votre carte cet » amas de roches que j'ai vû un jour en passant. «

Le 12, à 6 heures du soir, les vents commencerent à souffler de la partie du nord-est gros frais. Je fis gouverner au nord-ouest quart d'ouest à sec, pour ne pas dépasser les isles aux Oiseaux avant le jour. Le vent nous faisoit faire sans voile neuf nœuds, c'est-à-dire, trois lieues par heure. A deux heures du matin, m'estimant nord & sud de la plus occidentale des isles aux Oiseaux, je voulus mettre de la voile pour serrer le vent, mais comme il forçoit toujours, je fus obligé de mettre à la cape à la misaine & à l'artimon.

Le 13 j'observai à midi 63 degrés 15 minutes de latitude, & je m'estimois par 26 degrés 15 minutes de différence occidentale du méridien de Paris.

Coup de vent. Dans la nuit du 13 au 14 le vent devint encor plus furieux: Je fis amener la vergue d'artimon pour prendre les ris, & à une heure après minuit (il faisoit alors grand jour) la force du vent étoit si terrible que la mer qui étoit toute couverte d'écumes ne pouvoit point s'élever. Ce qui me surprenoit le plus, c'étoit de voir dans le fort de ce coup de vent des milliers d'oiseaux qui couvroient la surface de la mer & que l'approche & les mouvemens du vaisseau n'épouvantoient point. La force du vent les avoit sans doute dégradés des isles des Oiseaux. Tous ces mauvais tems commençoient à fatiguer ma fregate qui étoit ancienne; elle faisoit de l'eau, & nous étions obligés de pomper de deux heures en deux heures. La crainte d'être contraint de relacher, & de ne pouvoir remplir ma mission, commençoit à me donner de l'inquiétude, mais le 15 le vent diminua; le termometre qui étoit la veille à 4 degrés au-dessous de o, ou de glace, monta de 3 degrés; d'où je tirai le présage d'un plus beau tems: en effet, le vent passa au sud-est petit frais vers les

Planche II

5

Vue du Mont Jeugel restant au N.E. distance de 7 Lieues.

6

Vue des Isles de Ferro, restant du N.E. $\frac{1}{4}$ a l'E. $\frac{1}{4}$ N.E. distance de 6. Lieues, tems couvert.

7

Vue des Isles de Ferro, restant du N.N.O. au N.N.E. distance de 6. Lieues, le tems couvert.

8

Vue du Mont Bomel, dans l'Isle Bomel, restant de l'E.S.E. au S.E., distance de 8. Lieues.

les huit heures du soir ; je m'estimois dans le sud de la plus au large des isles aux Oiseaux, distance de onze lieues. Je mis le cap au nord, pour en avoir connoissance ; mais je ne vis aucune isle, parce que sans doute les courans qui portent à ouest étoient plus forts que je ne les estimois. Quand je crus être plus nord que les isles aux Oiseaux (ce que je jugeai par le chemin que j'avois fait, & par la mer que je trouvai tout-à-coup belle, parce que j'étois en dedans des terres,) je fis gouverner au nord-est, pour serrer la côte & en avoir plutôt connoissance.

Mont Jeugel.

Le 16 à huit heures du matin, je découvris le mont Jeugel au nord-est, distance de quinze lieues. J'en ai tiré la vue, voyez planche II. figure 5. Ce mont, ou plutôt ce cap, qui est très-avancé en mer, est aussi très-élevé sur l'horison ; je pense qu'on peut le voir d'un beau tems de vingt lieues. Il faut remarquer que, comme les terres d'Islande sont presque toutes & presque toujours couvertes de neige & se ressemblent par la couleur, il faut, pour les distinguer ou les reconnoître, faire attention & à la hauteur & à la configuration. Ayant observé la latitude sous ce cap, je connus par les relevemens qu'il est bien placé sur les cartes, mais sa pointe septentrionale n'est point assez prolongée au nord-nord-ouest. Les courans portent au nord dans cette partie ; la variation y est de 31 degrés. Entre les isles aux Oiseaux & le cap Jeugel il y a une grande baie, qu'on nomme la baie de Hannefiord ;

Planche II. fig. 5.

elle n'eſt preſque point connue des Pêcheurs, & mes recherches ſe ſont bornées à apprendre que pluſieurs belles rivieres ſe jettent dans ce petit golfe, & que, dans le ſud de cette baie, il y a une iſle au pied de laquelle on pouvoit jetter l'ancre par quatre braſſes d'eau à l'abri de tout vent.

En continuant ma route au nord-eſt, j'eus connoiſſance à deux heures de la pointe de Bredervick ou Brederfiord. La baie de Bredervick, qui eſt entre la pointe qui porte ce nom & le mont Jeugel, eſt très-vaſte & très-profonde. Elle a douze lieues d'ouverture : elle reçoit pluſieurs belles rivieres ; on y trouve un grand nombre d'iſles, derriere leſquelles je ſuis perſuadé qu'il y a de très-bons mouillages ; mais ils ne ſont pas connus. Les Pêcheurs ne fréquentent même cette baie que depuis trois ans. On y prend cependant beaucoup de morues. Quand les vents ſont de la partie du nord, on peut mouiller avec ſûreté à la côte ſeptentrionale de la baie, on y eſt par quinze & vingt braſſes d'eau fond de ſable : on y mouille ſouvent, mais cet ancrage n'eſt bon que par des vents de la partie du nord.

Bredervick.

Le 17 au matin, les vents à l'eſt, je fis porter pour ranger la pointe de Bredervick, dont il ne faut pas approcher plus près que de la longueur de deux cables à cauſe d'un récif, ou d'une bature qui s'étend au large de la pointe. Lorſque j'eus doublé cette pointe, je diſtinguai, malgré la brume, plus de quatre-vingt bâtimens de pêche, je me mis au milieu de cette flotte, moitié françoise, moitié hollandoise, & j'arborai un pavillon blanc & bleu au perroquet de misaine (signal de convention), pour me faire connoître. Je rangeai plusieurs pêcheurs françois, afin de m'informer des nouvelles de la flotte & du succès de la pêche; je parlai à un bâtiment de Dunkerque, qui me dit qu'il avoit déja pris dix last; ce qui étoit considérable dans un mois de pêche, car il faut quatorze tonnes pour faire un last. Il m'ajouta qu'il avoit pris six last sur les isles de Westerman, où il s'étoit arrêté huit jours.

Il y a 32 degrés de variation à la pointe de Brederwick. Nous l'avons observé plusieurs fois & par des hauteurs correspondantes, & par des observations méridiennes; car tout le monde sait que, lorsque la hauteur polaire est grande, les observations ortives & occases ne sont pas bien certaines.

Le 18, le 19 & le 20, les vents varierent continuellement, tantôt nord-est, tantôt sud-ouest, tantôt foibles, tantôt impétueux. On éprouve toujours dans ces parages une très-grande instabilité de la part des vents; ils soufflent cependant plus souvent de la partie du nord-est & du sud-est. J'employai ces trois jours à reconnoître la côte, à faire des relevemens & des remarques sur le gissement des terres.

Le 21, les vents à ouest, & ne voyant que deux ou trois bâtimens, je courus au nord-nord-ouest pour chercher la flotte. A dix heures du matin, étant à six ou ſept lieues de terre, je m'apperçus que la mer étoit blanche devant moi à l'horiſon. Les deux pratiques de ces côtes que j'avois à bord de ma frégate, m'aſſurerent que cette blancheur n'étoit autre choſe que la mer même qui étoit glacée. Je continuai ma route au nord-nord-oueſt pour reconnoître ce que je voyois; & m'étant approché à une demi-lieue de cette blancheur, la ſurface de la mer me parut exactement glacée, & ne faire qu'un corps ſolide, depuis le nord-oueſt du compas juſqu'au cap de nord qui reſtoit à l'eſt-ſud-eſt. Je virai de bord pour m'éloigner du danger, & en avertir la flotte. L'année précédente, le paſſage ou le détroit entre Groënland & l'Iſlande avoit été entiérement fermé par les glaces pendant tout l'été. Je ne puis m'empêcher de faire ici quelques réflexions ſur cette mer glacée, & ſur les montagnes de glace qu'on trouve dans les mers du nord, dans la navigation d'Europe à l'Amérique ſeptentrionale, & quelquefois en doublant le cap Horn. On en voit qui, ſemblables à des iſles ou plutôt à des continens, paroiſſent avoir pluſieurs lieues de longueur & plus de deux cens pieds au-deſſus de la ſurface de l'eau. Comment rendre raiſon de la formation de ces maſſes énormes? Tout le monde ſait que le défaut d'agitation en tout ſens des parties inſenſibles cauſe le froid, & que le froid eſt la cauſe véritable & immédiate de la formation de la glace, qu'il en eſt d'autres moyennes & accidentelles, comme les eſprits

Mer de glace.

Cauſe de la formation de la glace.

de ſel & de nitre, qui répandus dans l'air y cauſent même au milieu de l'été un froid ſi violent, que les lacs & les rivieres en ſont glacés (*a*). Ainſi les vents de nord dans la partie du nord, & les vents de ſud dans la partie du ſud, contribuent au froid & à la formation de la glace, parce qu'ils apportent des pôles, des corpuſcules ou des atomes froids, qui s'inſérant dans la ſurface des corps, ſuſpendent l'agitation des parties inſenſibles. Je vais entrer dans quelque détail pour développer les cauſes diverſes du froid & de la glace.

J'établis d'abord pour principe une matiere éthérée, ſubtile & active, qui environne & qui pénetre plus ou moins tous les liquides. Or ſi l'on chaſſe la matiere ſubtile qui coule entre les interſtices d'un liquide quelconque, ſi l'on diminue ſon mouvement, ſi l'on affoiblit ſon reſſort, enſorte qu'elle ne puiſſe plus vaincre la réſiſtance des parties intégrantes du liquide (c'eſt ce que fait le froid), on aura de la glace; ainſi la formation de la glace eſt l'effet immédiat du moindre mouvement de la matiere ſubtile qui conſtitue le feu & la chaleur.

Voici maintenant les cauſes accidentelles. Le ſel, le nitre, le ſalpêtre, ſont la premiere cauſe accidentelle de la formation de la glace. Dans les endroits où ils abondent l'air s'en charge, ils entrent dans les

(*a*) Voyage du Levant, Lettre 18.

pores des liqueurs comme autant de petits coins, ils ferment le passage aux parties grossieres de la matiere subtile, arrêtent l'agitation des particules insensibles des liqueurs, par-là les durcissent & les changent en glace; c'est ainsi que se forment dans certaines cavernes dont le voisinage est nitreux, des pyramides de glace, telles qu'on en trouva trois de quinze pieds de hauteur au mois de septembre 1711, dans une caverne auprès du village de Chaux, à cinq lieues de Besançon (*a*). J'admets le vent pour la seconde cause de la formation de la glace.

Bien des gens s'imaginent que le vent est un obstacle à la formation de la glace; il est vrai que lorsqu'il a beaucoup de prise sur une grande surface d'eau, comme sur les fleuves, sur les lacs, & sur les mers, il les empêche quelquefois de geler tant qu'il les agite, & qu'il ôte aux parties intégrantes du liquide le tems de s'unir, mais il est toujours certain en général que le vent doit accélérer la congélation, comme je vais l'expliquer. Dans un tems froid qui tend à la gelée, le vent sec, comme celui de nord-est pour notre climat, contribue à la congélation; car l'air qui se trouve en repos sur la surface d'un liquide, prend à-peu-près le degré de froideur de ce liquide, & s'y maintient; ainsi la matiere subtile qui circule entre les interstices du liquide, & dont le mouvement

(*a*) Hist. de l'Acad. 1712, p. 22.

eſt toujours proportionné au mouvement de celle qui l'environne immédiatement, n'eſt pas encore aſſez affoiblie pour permettre la congélation ; mais ſi l'on hâte la communication de la froideur à la ſurface du liquide en chaſſant violemment l'air qui la touche, & en mettant à ſa place (comme fait le vent) un air plus froid, plus denſe, & tel qu'il le faut pour procurer la congélation, on affoiblira la matiere ſubtile extérieure qui touche le liquide, & par ce moyen celle qui y eſt renfermée, laquelle doit toujours diminuer de mouvement juſqu'à ce qu'elle ſoit abaiſſée au degré néceſſaire pour demeurer en équilibre avec la premiere. Cependant ſi le nouvel air reſtoit en repos, il n'y auroit pas encore de congélation ; mais ſi l'on continue à chaque inſtant de chaſſer l'air de deſſus la ſurface du liquide, & ſi l'on y en ſubſtitue toujours un qui ſoit au degré de froideur néceſſaire pour la congélation, il eſt évident qu'il communiquera à la fin au liquide ſon degré de froideur, & qu'il diminuera le mouvement de ce liquide juſqu'à la congélation ; ainſi le vent produit la congélation comme un éventail excite en nous le ſentiment de la fraîcheur en chaſſant d'autour de nous l'air échauffé par la chaleur du ſang & la tranſpiration.

La troiſieme cauſe accidentelle de la formation de la glace eſt l'affoibliſſement de la chaleur extérieure du ſoleil cauſé par l'éloignement de ſa ſource, par la poſition oblique & déſavantageuſe des ſurfaces qui reçoivent les rayons, enfin par l'interpofition des vapeurs, & d'une atmofphere épaiffe & profonde, comme la brume qui nous intercepte en partie fes rayons. Il faut auffi remarquer que l'obliquité de la fphere fait que les rayons folaires font interceptés par une plus grande quantité d'air.

Il eft encore plufieurs autres caufes accidentelles, comme le climat, les circonftances locales, & la fuppreffion d'un fouffle central, ou de vapeurs qui s'élevent continuellement du fein de la terre. Plufieurs Phyficiens, & nommément un célebre Académicien, ont admis le feu central (*a*).

D'après cette petite differtation & l'examen des circonftances, il eft facile de concevoir que la mer fe glace aux environs des pôles même à plufieurs lieues du rivage (*b*), & qu'on trouve à la mer de gros morceaux de glace; mais comment expliquer l'élévation de ces pyramides, de ces ifles, & de ces tours flottantes qu'on découvre de fix ou huit lieues? Il faut que ces montagnes de glaces formées d'abord par différens glaçons réunis, doivent leur élévation à des neiges, & à des pluies glacées en tombant fur ces glaces; & je fuis porté à croire que parvenues à une certaine groffeur, elles augmentent toujours en maffe. Un favant Anglois qui écrivoit vers le milieu du fiecle

(*a*) M. Dortous de Mairan, p. 57.

(*b*) Mémoires de Trévoux 1717, p. 1995.

paffé,

passé, adoptoit l'opinion des glaces perpétuelles, surtout aux environs des pôles, & les faisoit monter si haut, qu'il en déduisoit la figure de la terre sensiblement alongée sur son axe (*a*) : c'est ainsi qu'il explique l'apparence éliptique de l'ombre terrestre sur le disque de la lune dans deux éclipses, dont l'une fut observée par Kepler, & l'autre par Ticho Brahé; mais toutes ces raisons sont défectueuses. La mer ne se glace autour des pôles qu'à quinze ou vingt lieues de terre, & les montagnes de glace que les navigateurs y rencontrent, ne font pas plus d'effet sur le globe de la terre que ne feroient cinq ou six grains de millet répandus sur la surface d'un globe de quatre pieds de diametre.

Le 22, les vents au nord-ouest gros frais, de la brume, & la mer mâle; voyant, en un mot, toutes les apparences d'un coup de vent, je pris le parti d'arriver pour me mettre à l'abri dans la baie de Patrixfiord. A onze heures du matin, dans un instant d'éclairci j'apperçus plusieurs bâtimens qui gagnoient différens ports pour se sauver du mauvais tems. Pour moi, je préférois la baie de Patrixfiord, parce que l'un des directeurs de la Compagnie danoise y fait sa résidence, que c'est de toute la côte la rade la plus sûre, & qu'on peut dire en se servant de l'expression de Virgile : *Sedes tutissima navi*. J'entrai dans la baie en

Relâche à Patrixfiord.

(*a*) M. Childrey, histoire des singularités d'Ecosse.

ſondant continuellement, je trouvai par-tout trente à trente-cinq braſſes d'eau fond de vaſe : & quand j'eus dépaſſé & doublé les magaſins de la compagnie que je laiſſai à bas-bord à un demi-quart de lieue, je vins mouiller dans une anſe formée par une pointe de gros graviers, où je fis tomber l'ancre par vingt-deux braſſes d'eau fond de vaſe. Je reſtai quelque-tems à pic pendant qu'on ſondoit autour de la frégate ; & lorſqu'on eut reconnu qu'il n'y avoit aucun danger, je filai quatre-vingt braſſes de cable, & j'affourchai ſud-eſt & nord-oueſt. Alors je relevai le magaſin du directeur au nord-nord-eſt, les pyramides de pierre qui ſont ſur la pointe de gravier au nord 5 degrés eſt, & la premiere pointe en-dehors de la baie au nord-oueſt quart de nord 5 degrés nord. J'aurois pu mouiller plus près de terre, & m'enfoncer davantage dans l'anſe ; mais il ne m'auroit pas été ſi facile d'en appareiller. L'inſtant de mouiller eſt lorſqu'on eſt nord, & ſud de la pointe de gravier.

Auſſi-tôt que ma frégate fut amarrée, j'allai chez le directeur de la Compagnie danoiſe, à qui je dis que le mauvais tems m'avoit forcé de venir mouiller dans cette rade, que le Roi de France m'avoit envoyé ſur les côtes d'Iſlande, pour mettre la diſcipline & faire régner le bon ordre parmi les pêcheurs françois, pour les empêcher de commercer avec les Iſlandois, ni de rien faire contre les privileges de la Compagnie. Le directeur me reçut avec une honnête froideur, & ne me parut point persuadé de ce que je lui disois. On lui avoit rapporté qu'il y avoit trois frégates françoises en ces parages, qu'elles y étoient venues pour protéger la fraude avec les insulaires, & que nous avions très-certainement de mauvais projets; mais il ne tarda point à être dissuadé & convaincu du contraire. L'exacte discipline que je fis observer, détruisit bientôt les mauvaises impressions qu'on lui avoit données sur notre compte. J'avois toujours un sentinelle dans mes bâtimens à rames; je ne laissois descendre à terre que les officiers, & je m'adressois au directeur pour tout ce dont j'avois besoin.

Le lendemain de mon arrivée dans cette baie, les vents toujours au nord-ouest, le ciel serein, & le tems assez doux, je sondai la rade, & je fis des relevemens. Je continuai les mêmes opérations pendant plusieurs jours. Je déterminai la position des principales pointes par les moyens d'une regle apinule de cuivre, garnie d'une lunette, & je parvins à faire un plan de la baie, auquel on peut avoir confiance & pour louvoyer & pour mouiller, quoiqu'il ne soit pas levé avec le dernier degré de précision. Les sondes sont très-exactes, & j'ai marqué d'une ancre les différens mouillages. Voyez planche III. Planche III.

Remarques sur la rade de Patrixfiord.

Cette baie est très-grande, & cinquante gros vaisseaux de guerre peuvent y mouiller très en sûreté: l'entrée en est très-facile, il n'y a aucun danger, il faut ſeulement avoir attention de bien veiller les huniers, d'en avoir toujours les driſſes & les cargues en main, quand on entre avec des vents traverſiers; car il vient des vents impétueux, & des tourbillons par les gorges des montagnes qui peuvent faire démâter & même périr un bâtiment. Il ne faut point non plus ranger de trop près la côte, parce que, comme elle eſt très-élevée, on peut s'y trouver en calme, & être porté à terre par les courans. Toute la baie eſt très-ſaine; il n'y a rien à craindre qu'un banc de ſable, marqué *C* ſur mon plan, lequel banc ſe prolonge depuis la côte de l'oueſt juſqu'à la moitié de la rade vers la côte de l'eſt; mais il eſt très-éloigné du bon mouillage, comme on peut le voir par le plan: car, dès qu'on a doublé la pointe de gravier *B*, il faut venir ſur bas-bord pour mouiller dans l'anſe où l'on voit trois ancres. Le fond y eſt de vaſe forte; on eſt à portée de faire de l'eau à la riviere *D*; on eſt à couvert des vents les plus fréquens & les plus forts en cette baie, qui ſont ceux de la partie de l'eſt, & je ſerois d'avis d'y affourcher nord-nord-oueſt & ſud-ſud-eſt. Les marées & les courans n'y ont point de force, & les vents du large ou de nord-nord-oueſt n'y ſont point violens; car avant de parvenir dans le fond de la baie, leur force eſt détruite, & leur direction ſouvent changée par les différens vents qui ſortent des différentes gorges des montagnes: j'ai même vu des bâtimens de pêche venans du large par un coup de vent de

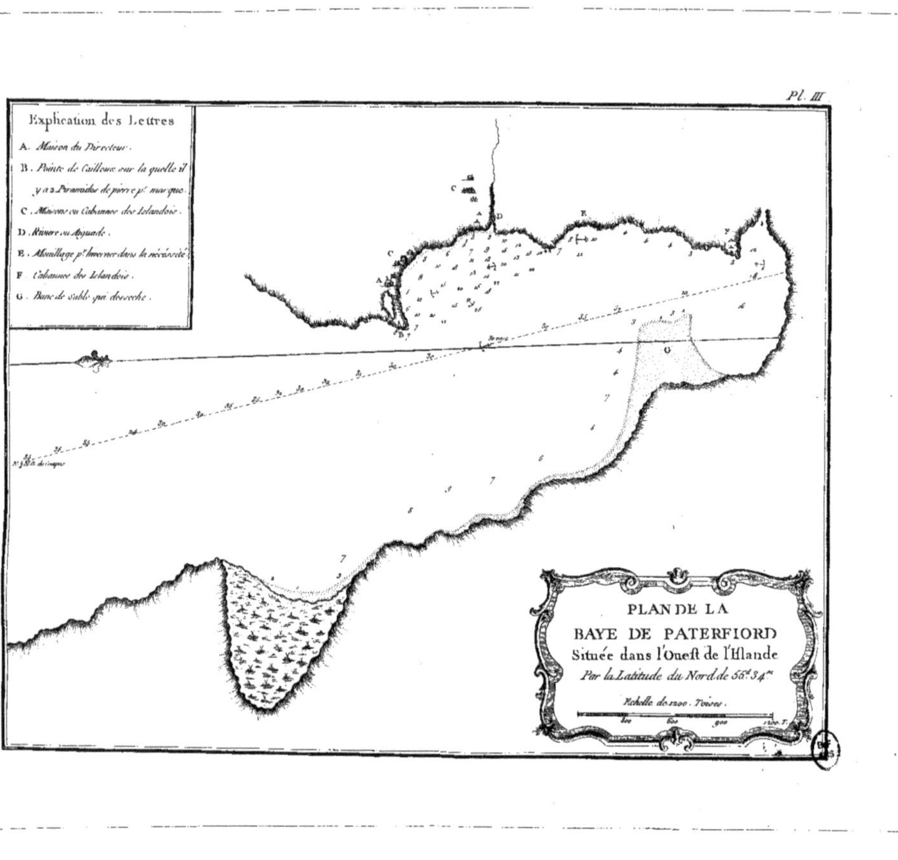
Pl. III
Explication des Lettres
A. Maison du Directeur.
B. Pointe de Cailloux sur la quelle il y a 2 Piramides de pierre p.r marque.
C. Maisons ou Cabannes des Islandois.
D. Riviere ou Aiguade.
E. Mouillage p.r hiverner dans la nécéssité.
F. Cabannes des Islandois.
G. Banc de sable qui desseche.
PLAN DE LA
BAYE DE PATERFIORD
Située dans l'Ouest de l'Islande
Par la Latitude du Nord de 55.d 34.m
Echelle de 1200. Toises.
300 600 900 1200. T.

Pl. IV.

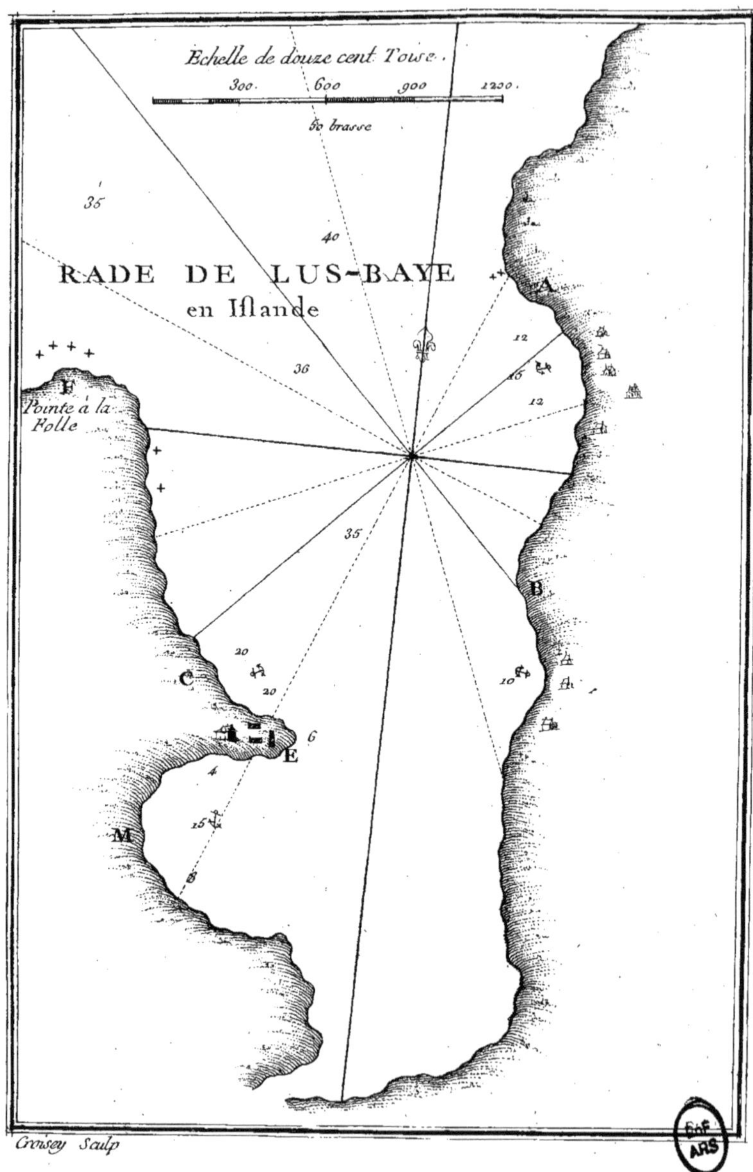

Croisey Sculp

nord-ouest trouver du calme, & le vent même contraire en approchant le mouillage.

Pour avoir l'établissement des marées en cette baie, & savoir combien la mer y marne, je fis planter en deux endroits que j'avois choisis & nivellés, deux regles de bois bien exactement divisées par pieds & par pouces; l'une étoit au point de la laisse de basse-mer, & l'autre au point où elle parvenoit lorsqu'il est pleine-mer. Par-là je réussis à connoître que la mer marnoit à Patrixfiord de dix pieds trois pouces, & que le 27 mai, nouvelle lune, la mer y étoit pleine à cinq heures & demie, qui est l'établissement de ce port.

Le 28, les vents au nord presque calmes & la mer belle, j'allai reconnoître & sonder la rade de Lusbaye, qui est à l'est de celle de Patrixfiord; & après en avoir relevé toutes les pointes avec Messieurs Duchatel & Mengaud, j'en pris le plan, sur la foi duquel on peut, au moyen de celui que j'ai tracé planche IV, aller choisir son mouillage sans courir aucun risque. On voit premierement par la seule inspection de la carte & du plan qu'il y a beaucoup d'eau par toute la baie, qui est très-belle & très-saine. Il y a deux rochers à bas-bord, en entrant à l'est de la baie auprès de la pointe *A*, & quelques autres à stri-bord en entrant à l'ouest de la baie, auprès de la pointe *F* que nous avons nommée la pointe de la *Folle;* mais ces rochers sont très-près de terre, & par conséquent ne sont point dangereux. Il y a un mouillage à bas-

Planche IV.

Rade de Lusbaie.

bord dans l'anſe *A*, mais on n'y eſt point à l'abri des vents d'oueſt ; il vaut mieux mouiller dans l'anſe *B*, ou dans l'anſe *C*; mais le meilleur ancrage eſt, ſans contredit, dans l'anſe *M* au ſud des caſes ou cabanes marquées ſur la pointe de cailloux *E*. On y eſt exactement à couvert de tous les vents. La mer ne peut jamais y être mâle ; on pourroit, après avoir mouillé une groſſe ancre par quinze braſſes d'eau, envoyer un grêlin avec une ancre à touer à terre au nord de la groſſe ancre, laquelle ancre à touer ſeroit bien retenue par de bons piquets plantés dans les graviers ou cailloux. Au défaut de piquets, on ſe ſert de pinces de fer, de barres de cabeſtan ou d'anſpects. On ſe trouve ainſi affourché nord & ſud, on a deux ancres à barbe pour les vents d'eſt qui y ſont les plus violens, & l'on a deux ancres à mouiller s'il vient à ſurventer ; car, comme je l'ai dit, il ne faut mettre à terre qu'une ancre à touer avec des grêlins mariés, qu'il faut avoir grand ſoin à fourer. Il faut faire le ſud-ſud-eſt du compas pour entrer dans Luſbaye, & le ſud-quart de ſud-eſt pour donner dans Patrixfiord.

Coup de vent. Le 29 à midi, il ſe déclara un coup de vent affreux du nord-eſt, qui dura quarante-huit heures. Comme j'étois mouillé au pied d'une groſſe montagne qui me couvroit, la mer n'étoit pas bien mâle ; mais la vîteſſe des nuages & le ſifflement des poulies atteſtoient la force du vent. Nous avions un froid inſupportable, & le thermomètre de M. de Réaumur étoit le 30 au matin à 4 degrés au-dessous de *O* ou de *Glace*. La tempête poussa à l'entrée de la baie plusieurs gros morceaux de glace détachés sans doute de la mer glacée dont j'avois eu connoissance. La vue de ces glaçons, qui paroissoient former une chaîne de deux lieues de longueur, m'étonna moins que d'apprendre que la rade de Patrixfiord étoit, pour ainsi dire, toute glacée le 14 mai. C'est cependant ce que le directeur m'a certifié, ainsi qu'à tous mes officiers. La tempête fit relâcher à Patrixfiord trente-six bâtimens de pêche françois & hollandois, dont plusieurs avoient des avaries que je fis réparer avec diligence, & dans trois jours les plus endommagés reprirent la mer.

SECONDE PARTIE.

Contenant la description d'Islande.

PENDANT le séjour que j'ai fait en Islande, je n'ai rien négligé pour m'instruire de toutes les particularités de cette isle, de la vie des insulaires, de leurs mœurs, de leur religion & de leur gouvernement. J'ai tout examiné ; & les fréquentes conversations que j'ai eues avec M. Olave, qui réside depuis plusieurs années à Patrixfiord, & qui est plein d'érudition, me mettent dans le cas de satisfaire sur tout ce qui peut concerner l'isle d'Islande, la curiosité du lecteur. Quelques écrivains ont parlé de l'isle d'Islande, mais seulement sur le rapport de quelques pêcheurs, de quelques marins peu instruits & très ignorans dans la science des observations. C'est sur des relations orales, faites par des gens qui alloient à la pêche de la morue, que M. Anderson, Bourguemestre de Hambourg, a donné l'Histoire naturelle d'Islande, écrite en allemand. M. Horrebows a donné aussi en allemand une description historique & physique de cette isle, avec des observations critiques sur l'histoire de M. Anderson. Ces deux auteurs se contredisent souvent. Nous avons encore une description d'Islande par la Peireire, auteur du systême des Préadamites. Voilà les trois écrivains

vains qui nous ont donné quelques connoissances de l'Islande ; mais comme ces relations sont toutes fautives, je pense que le lecteur ne sera pas fâché d'en trouver ici une plus exacte & plus fidele. Je suivrai pas à pas M. Horrebouws, qui, né danois, est plus instruit.

L'isle d'Islande est située dans les mers du nord, entre le 63 & le 67e degrés de latitude, & entre le 15 & 30e degrés de longitude occidentale, méridien de Paris. L'étymologie du nom de cette isle vient, je crois, du mot *ice*, qui, en anglois, veut dire glace, & de *land*, qui signifie terre, c'est-à-dire terre de glace, & par corruption on a dit & écrit *Island*, au lieu de *Iceland*. Les neiges qui couvrent cette isle presque par-tout & en tout tems, semblent appuyer cette opinion.

Etymologie d'Islande.

L'Islande a de longueur cent trente lieues communes, de vingt-cinq au degré, & soixante-dix lieues de largeur ; elle n'est éloignée des isles de Ferro que de soixante-dix-huit lieues marines, de vingt au degré ; & elle n'est point à plus de trente-cinq lieues du Groënland, qui, dans la partie qui regarde l'Islande, est inaccessible par les glaces & les rochers qui l'environnent.

Les histoires ne fixent point positivement le tems de la découverte de l'Islande ; quelques écrivains l'ont prise pour la Thulé des anciens, dont Virgile fait mention (a)

(a) Tibi serviat ultima Thule, Virgil. lib. 1. Georg.

dans son premier livre des Georgiques. Je trouve plutôt cette Thulé dans l'isle d'Irlande, éloignée de l'Islande de cent soixante-quatre lieues. Angrimus Jonas, auteur de la chronique islandoise, réfute dans son *Specimen Islandicum* le sentiment des écrivains, entr'autres Pontanus, qui ont prétendu que l'Islande étoit la Thulé des anciens.

Cette isle fut découverte en 798 par Nadocus, qui la nomma *Sneeland*, à cause de la quantité de neige qui couvroit la terre. En 872, un Suédois, nommé Gardanus, la reconnut plus exactement. L'année suivante, un pirate norwegien, appellé Flocco, la nomma *Iceland;* & l'an 874, un nommé Ingulfe ou Ingultus, seigneur de Norwege, s'y réfugia pour avoir tué deux barons de son pays. Il la trouva inculte, & peu habitée; il passe pour en avoir été le premier roi.

Tout ce que je viens de dire prouve que l'Islande fut très-peu connue, & je crois que nous en devons les premieres notions à M. Anderson & à M. Horrebows.

Les cartes de cette isle ont été jusqu'ici très-défectueuses. L'Europe n'avoit d'autres cartes de l'Islande que celle d'André Velleius, danois, gravée en 1585, copiée par les Hollandois en 1698, & par M. Bellin en 1751, pour sa carte réduite des mers du nord. Cet habile hydrographe, dont les travaux utiles nous ont procuré une belle collection de plans & de cartes en tout genre, m'avoit donné une carte à grands points de cette isle, réduite d'un grand plan levé sur les lieux par des ingénieurs danois, & achevé en 1734; mais je l'ai trouvée très-mauvaise & très-dangereuse. Je n'ai rien négligé dans mes deux campagnes pour la corriger, & je me flatte que tous les navigateurs seront très-satisfaits de celle que M. Bellin doit publier d'après mes remarques & mes observations.

L'isle d'Islande n'est, pour ainsi dire, qu'un composé de montagnes & de rochers escarpés qui se coupent en formant des chaînes presque paralleles, selon les quatre points cardinaux du monde; mais entre ces rochers & ces montagnes il y a de belles plaines & de beaux vallons, qui fournissent de très-bons pâturages pour les troupeaux. Ces montagnes sont presque toutes stériles, incultes, & toujours couvertes de neige & de glaces. Plusieurs de ces montagnes sont des volcans, mais le plus fameux de l'isle & même de la terre entiere est celui du mont Heckla: il a vomi, en 1766, & jetté une si grande quantité de pierres, que la mer en étoit couverte à vingt lieues au large, dans la partie du sud. Il n'est pas étonnant que ces pierres surnagent, pénétrées comme elles le sont par un feu actif qui leur ôte toutes les parties solides. Les montagnes toujours couvertes de glaces se nomment Joekul ou Joekelen; il en sort l'été de grands torrens, dont les eaux troubles & sales répandent la plus mauvaise odeur. Dans le voisinage de ces Joekelen, il y

Volcans.

a quelques montagnes plus hautes, mais où les glaces ne subsistent pas toute l'année, parce qu'il s'y rencontre sans doute du salpêtre qui les fait fondre. Une chose singuliere qu'on voit souvent dans les Joekelen, c'est qu'ils croissent, décroissent, s'élevent & s'abaissent de jour en jour; chaque instant, pour ainsi dire, ajoute à leur forme, ou la diminue. Par exemple, si l'on veut suivre les traces de quelqu'un qui a passé la veille dans les montagnes, on perd ces traces tout-à-coup au pied d'une masse énorme de glace, qu'il est impossible de traverser; & si l'on veut faire le tour de ce morceau de glace en remontant par la droite ou par la gauche, on retrouve les traces du voyageur à la même hauteur, & sur la même ligne que les premieres, ce qui prouve que ce monceau de glace n'existoit pas le jour précédent; il faut convenir que ce phénomène est très-singulier.

Façon de voyager.

On voit qu'il est difficile de voyager dans ce pays. Il n'y a point de route pour les chariots & charettes; on peut aller à cheval, & transporter ses effets sur des chevaux; mais il y a bien des endroits où l'on ne peut aller qu'à pied, & où les marchands sont obligés de tout porter sur le dos: d'ailleurs un voyageur n'est pas sûr de pouvoir passer dans une année par où il aura passé la précédente; car les dégels font quelquefois séparer en deux des morceaux de roches qui forment des obstacles invincibles, & les torrens qui se précipitent des montagnes font rouler dans les chemins des monceaux de pierres, qui les comblent ſouvent & rendent le paſſage impratiquable.

Population. L'Iſlande compte aujourd'hui plus de ſoixante-dix mille ames : elle fut autrefois plus peuplée avant cette terrible peſte, appellée *peſte noire*, qui ravagea tout le Nord au milieu du quatorzieme ſiecle. Les annales iſlandoiſes ne font point mention de cette calamité. On ſait ſeulement par tradition orale que la contagion étoit dans les plaines & les vallons couverts d'une roſée épaiſſe, & que, pour éviter la mort, il falloit gagner les plus hauts rochers.

Les parties maritimes de l'iſle ſont plus peuplées que l'intérieur du pays, à cauſe de la quantité prodigieuſe de poiſſons qui ſe jettent ſur les côtes, & de la facilité du commerce avec les vaiſſeaux de la Compagnie établie en différens ports. L'Iſlande ſeroit encore plus peuplée ſans les fréquens tremblemens de terre qui ont plus d'une fois fait périr bien des habitans ; & quoiqu'en diſe M. Horrebows, qui tourne en ridicule M. Anderſon ſur les incendies de terre & les tremblemens dont il donne la deſcription, on jugera par le récit même de M. Horrebows ſi les incendies ſont des jeux dont on puiſſe plaiſanter. Voici ce qu'il en dit lui-même (*a*) : « En l'année 1726, on » éprouva quelques tremblemens de terre dans les » cantons du nord ; à la ſuite de ces tremblemens,

Tremblement & incendies de terre.

(*a*) Obſervation critique, p. 39.

» une grosse montagne, nommée Krafle, commença » à vomir avec un fracas épouventable de la fumée, » du feu, des cendres & des pierres. Spectacle horri» ble pour ceux qui demeuroient aux environs, & sur» tout pour deux voyageurs qui passoient au-dessous » de cette montagne ! mais il ne leur arriva point de » mal, parce qu'il n'y avoit point de vent, & que » les pierres enflammées que vomissoit le volcan re» tomboient perpendiculairement. Il brûla deux ou » trois ans ; & en 1728 le feu se communiqua à quel» ques montagnes de soufre, situées près de ce vol» can ; elles brûlerent pendant quelque-tems jusqu'à » ce que les matieres minérales qui s'étoient fondues » formassent une riviere de feu qui coula de ces mon» tagnes vers le sud. Alors les habitans établis sur le » bord du grand lac, appellé *My-Varne*, à trois lieues » de distance de cette montagne, eurent peur de cette » riviere brûlante, qui s'approchoit de leur demeure. » Ils enleverent la charpente de leur maison pour al» ler habiter ailleurs ; enfin elle continua à couler, & » à avancer jusqu'aux métairies, & au lac dont nous » venons de parler. Là elle renversa, brûla & consu» ma une ferme appellée *Reikchild*, ses prairies, & » deux autres fermes appellées *Groff* & *Fragrenes* qui » étoient situées vers les rives les plus basses du lac. » Cette riviere de feu se jetta ensuite dans le lac *My-* » *Varne*, avec un bruit effroyable, en formant un » bouillonnement & un tourbillon écumant & hor-

» rible ». On peut juger des incendies & des tremblemens de terre de l'Islande par cette description de M. Horrebows, qui certainement n'aura rien dit de trop ; car il paroît très-porté, comme danois, à pallier les vices physiques d'une isle de Dannemarck, mais il est très-vrai de dire que l'Islande est sujette à toutes sortes de catastrophes. On voit tout-à-coup des montagnes s'abaisser & des lacs se former, des joekelen ou monts de glace se fondre, s'enflammer, & joindre la double horreur des naufrages & des embrasemens.

Sources chaudes.

On trouve en plusieurs cantons d'Islande des sources d'eau chaude. MM. Horrebows & Anderson s'accordent sur la description des effets singuliers de plusieurs de ces sources ; mais la plus curieuse de toutes ces fontaines est celle qui est située près d'une métairie, appellée *Raycum*, dans le district d'Huzevig. On y voit trois sources chaudes, éloignées l'une de l'autre d'environ trente toises ; l'eau bouillonne en chacune alternativement. Ces trois sources sont dans un terrein plat ; deux d'entr'elles jettent à travers des pierres leur eau, qui s'éleve à dix-huit pouces de hauteur. La troisieme a une ouverture ronde, de la grandeur d'une cuve de brasseurs, & porte ses eaux à la hauteur de dix pieds. Ce qu'il y a d'étonnant, c'est que ces trois sources ne jettent de l'eau qu'alternativement, & après avoit bouillonné trois fois ; ce qui sert d'avertissement à ceux qui sont près de ſe retirer. Quelque choſe de bien remarquable, c'eſt que ſi l'on y jette une pierre de quelque groſſeur qu'elle ſoit, la force du bouillonnement la rejette. M. Olave m'a dit que les habitans voiſins des ſources chaudes y font cuire leur viande & leur poiſſon, & que les voyageurs y font bouillir de l'eau pour faire du thé.

Marbre. On trouve du marbre en quelques endroits de l'Iſlande, & très-ſouvent du cryſtal dans les rochers. Cryſtal. Le cryſtal d'Iſlande a la propriété de doubler tous les objets qu'on regarde au-travers. M. Horrebows penſe que c'eſt moins un cryſtal qu'une eſpece de pierre ſpéculaire, *lapis ſpecularis*. Il ſe trompe, ainſi que quelques auteurs qui ont cru, à cauſe du tiſſu feuilleté de ce cryſtal, que c'étoit une ſorte de talc. On l'a mis auſſi au rang des ſélénites ; mais il eſt démontré que c'eſt un ſpath calcaire, qu'il faut prendre garde de confondre avec d'autres ſubſtances qui lui reſſemblent. On peut conſulter à ce ſujet l'excellent ouvrage d'Huygens ſur la lumiere, & les mémoires de l'académie des ſciences, année 1710, p. 341.

Métaux. L'Iſlande renferme dans ſon ſein des mines de cuivre & de fer, & j'ai moi-même ſouvent trouvé dans les montagnes des morceaux purs de ces métaux. M. Horrebows aſſûre qu'on rencontre tous les jours, preſqu'à la ſurface de la terre, de gros morceaux d'argent ; ce que je n'ai point vu, je n'ai même entendu dire à perſonne qu'il en eût découvert.

Il

Il y a du soufre dans les montagnes & dans les plaines. On le reconnoît par les vapeurs qui s'élevent de la terre, & par le voisinage des sources chaudes. Le soufre est toujours couvert d'une couche de limon ou de sable. Ce limon est de différentes couleurs, blanc, jaune, verte, rouge & bleu. On creuse seulement deux ou trois pieds pour trouver de très bon soufre. On choisit de préférence les endroits où l'on voit une petite éminence, au sommet de laquelle est un foyer par où s'exhale une vapeur chaude. A peu de distance de l'éminence, on trouve du soufre en petits morceaux détachés, mais c'est sous l'éminence même qu'on trouve le soufre le plus compact & en plus grande quantité. Les ouvriers qui travaillent à l'exploitation des mines de soufre, ont soin d'envelopper leurs souliers de morceaux de gros draps de laine pour ne pas se brûler les pieds; en effet le soufre sortant de la mine est si chaud, qu'il est impossible de le tenir dans les mains. Soufre.

M. Horrebows critique M. Anderson sur ce qu'il dit qu'il n'y a point de bois en Islande; il fait ensuite le détail de deux ou trois forêts, qui, dit-il, ont plus d'une demi-lieue de tour. Pour moi, je n'ai point vu du tout de bois; & l'on m'a dit qu'il y avoit seulement en quelques endroits des broussailles & de petits buissons, tels que des ronces & des genevriers : mais la Nature toujours bienfaisante, dédommage les insulaires par la quantité prodigieuse de bois que la mer jette sur Disette de bois.

le rivage en plusieurs parties de l'isle. Sur les côtes où la mer ne porte pas de bois, les habitans font du feu avec de la tourbe & des arettes de poisson trempées dans de l'huile faite avec des foies de morue. Dans plusieurs endroits, en creusant la terre, on arrache de vieilles racines, qui prouvent que l'isle fut autrefois couverte de bois.

Bois fossille. M. Olave m'a aussi montré des morceaux d'une espece singuliere de bois qu'on trouve dans le sable, & plus souvent au milieu des pierres. Ce bois qu'il nommoit en latin *lignum fossile* est noir, lourd, & ressemble à l'ébene. Les Islandois le nomment *schwartzen brand*, qui veut dire en françois *noirs tisons*. On le trouve en morceaux larges & minces, & toujours entre des rochers qui l'enveloppent. Ce bois (si c'en est un) mérite toute l'attention des naturalistes. Voici ce que m'en dit M. Olave dans une de ses lettres. » Ad petrefactorum classem quidam retulerunt ligna » fossilia, non recte, fortè quia ipsa non viderunt; » natura enim illorum qua ligni instar diffendi, edo» lari, & nitidissime perpoliri patiuntur probat con» trarium. Non tamen hoc fossile genus lignum est » nec vegetabile cum vasa non habeat succo nutri» cio recipiendo idonea, non in terrâ radices agat nec » supra terram diffundat ramos. Ab Islandis *schwar*» *tzen brand* sivè nigrum tignum appellatur. E fissuris » rupum sese exserit impurum, corticosum vel magis » terrestre; intrinsecus fibris gaudet subtilissimis, in

» longitudinem porectis, quo penitius est eo perfectius » optimum flexilè, ebœno non cedit. Hinc ab acco- » lis in orbes, scriniorum pedes, mensas, *&c.* torna- » tur. Omni ligno gravius in aqua mergitur, non pu- » trescit, nec igni admotum facile inflammatur, sed » uritur terræ instar. Materia videtur esse ligni ana- » logum, generatione minerale ; quâ ratione in Islan- » dia primum provenerit tam diu latet, quam diu » ejus constitutio perspecta non habetur. Quare ne » foret curæ pretium ejus naturam exquisitius rimari ». Le lecteur ne sera pas fâché que j'aie rapporté ce fragment de lettre qui peut servir à faire connoître la nature de ce bois fossile.

Plantes.

Un botaniste trouveroit en Islande bien de l'occupation. Je n'entre point dans le détail des plantes salubres que la terre produit en grande quantité, & dont plusieurs sont inconnues en France : ces objets ne sont point de mon ressort, mais j'ai remarqué, en admirant la sagesse de la Providence, que les simples les plus nécessaires aux habitans y sont très-communs, comme l'ail, l'oseille & le cochlearia, excellens préservatifs contre le scorbut, la maladie dominante du pays. On y trouve aussi par-tout de l'angélique ; elle y croît en si grande abondance, que les habitans en font souvent leur nourriture, & en donnent à leurs bestiaux ; elle est d'ailleurs d'un goût exquis, & d'une grandeur extraordinaire.

Plante dont on fait du pain.

Mais la plante la plus singuliere & la plus précieuse

eſt celle qu'ils trouvent ſur les rochers, c'eſt une eſpece de mouſſe qui reſſemble aſſez au pulmonaire. Beaucoup d'Iſlandois en font de la farine, qu'ils préferent à celle de froment. Ils la nomment *fialla-gras*, herbe de rocher. M. Olave, dans une de ſes lettres, me fait l'éloge de cette plante, en m'en envoyant une poignée, il s'explique en ces termes. « Mitto tibi, » Domine, herbam panis apud Iſlandos ſuccedaneam, pulmonariæ vicinam, diu Muſcus Iſlandicus » nominata eſt hæc herba creſcit in ſaxetis altiorum » montium, ita ut jure dici poſſit Deum nobis dare » panem è lapidibus. Nanquam creſcit in terra vel » humo neque radices agit dapſilem miſſum ex ea » paramus, pultem frequentiſſime cum lacte tam ju» cundam & ſalubrem ut omnibus farinaceis ante po» nam, eſt etiam excellentiſſimum pectorale, tutiſſi» mumque in dyſenteria medicamentum ». On voit que M. Olave, qui eſt très-verſé dans la Botanique, attache à cette plante bien des vertus ſalutaires.

Fruits. Les légumes & les fruits ne peuvent venir en Iſlande, parce que, comme le remarque M. Anderſon, le froid eſt trop exceſſif; & quoiqu'en diſe M. Horrebows, qui dit avoir mangé des groſeilles dans le jardin du gouverneur à Beſeſted, je penſe qu'il eſt plus difficile de faire venir des raves en Iſlande que des ananas à Paris. Il n'eſt pas plus poſſible d'y faire croître du bled; & les ordonnances ſur l'agriculture, qui ſervent d'autorité à M. Horrebows, ne

Agriculture.

prouvent point que les terres d'Islande furent jadis ensemencées ; car la sagesse des loix prévoit tous les jours des cas qui n'arrivent pas.

On ne voit en Islande aucune bête fauve. Il y vient quelquefois des ours portés sur des glaçons du Groënland ; mais dès qu'ils ont pris terre & qu'on les apperçoit, ils sont tués à coups de fusil ou de lance : il en vient de noirs, de blancs, de grisâtres & de tigrés, mais ils n'ont jamais le tems de se multiplier. Ours.

Le seul animal farouche qui soit en Islande est le renard. On en voit de noirs, de bleus, de rouges & de blancs. Les habitans, pour prendre beaucoup de ces animaux, placent dans la campagne un mouton ou un cheval mort, qui répand au loin une odeur forte. Les renards allechés par l'odeur, se rassemblent autour de la charogne, auprès de laquelle le chasseur a eu soin de se pratiquer une loge d'où il voit sans être vu, & d'où il peut tuer quatre ou cinq renards à chaque coup de fusil. Renards.

Il y a beaucoup de chevaux en Islande, la race en est petite, elle vient, selon M. Anderson, de Norvege, & de l'Ecosse, selon M. Horrebows ; elle ne sort peut-être ni de l'un ni de l'autre de ces deux pays. Quoiqu'il en soit, les chevaux islandois ont beaucoup de force & de vîtesse. On voit dans les montagnes d'Islande des milliers de chevaux qui passent plusieurs années sans entrer sous aucun toît ; ils Chevaux.

ont l'instinct de rompre la glace avec les pieds pour trouver de la nourriture. Les chevaux de selle restent tout l'hiver à l'écurie ; mais quand un habitant veut des chevaux pour le travail, il envoie dans les montagnes des valets qui les rassemblent, & les prennent avec des cordes. Les chevaux qu'on retire des montagnes à cinq ans, deviennent ordinairement les plus beaux & les plus vigoureux du pays.

Moutons. Les Islandois élevent beaucoup de moutons. Chaque ferme ou métairie a son troupeau ; il y a des fermiers qui ont jusqu'à cinq bergeries. On laisse en certains cantons errer les moutons toute l'année, même l'hiver, dans les montagnes. On a seulement soin, quand la mauvaise saison commence, de retirer dans les bergeries les agneaux qui n'ont pas un an, car ils ne pourroient supporter le froid comme les vieux moutons qui sont mieux fourrés. Ces animaux sont obligés de faire une ouverture dans la neige pour trouver de l'herbe : c'est un bien très-casuel pour les habitans, ces pauvres gens perdent souvent dans un instant le fruit de leurs peines. Lorsqu'il tombe beaucoup de neige & que le vent est violent, des troupeaux entiers, forcés de céder à son impulsion, se trouvent sur les bords de la mer, & sont ensuite enlevés par un second orage. M. Horrebows en a vu, dit-il, qui, par la force du vent, avoient été transportés à quatre lieues en mer. Il arrive souvent que lorsque les moutons sont dans les champs en hiver lorſqu'il tombe de la neige, & qu'il gele, ils ſe ramaſſent en pelotons, alors leur toiſon elle-même ſe gele, de maniere qu'ils ne peuvent plus ſe dégager, & qu'ils ont au-deſſus d'eux plus de vingt pieds de neige. Ils reſtent dans cet état juſqu'à ce que le tems permette de les chercher & de les ſauver. Quelquefois on les retire ſains & ſaufs, mais quelquefois auſſi ils ſont étouffés par le poids de la neige, ou étranglés par les renards qui leur font une guérre cruelle. On lit dans M. Anderſon une particularité qui paroît fabuleuſe. Il raconte que lorſque les moutons ſont obligés de reſter quelques jours dans la neige, la faim les force à ſe manger la laine, & qu'ils ſubſiſtent ainſi juſqu'à ce qu'on vienne les ſecourir. Ce fait m'a été certifié dans le pays; on m'a de plus ajouté, que lorſque le propriétaire s'en apperçoit, il tue les moutons poſſédés de cette manie trop nuiſible aux autres, parce qu'elle détruit leur vêtement, qui eſt leur unique défenſe contre le froid. La laine des moutons eſt très-belle, mais elle eſt de différente qualité, ſelon les différens quartiers de l'iſle, qui eſt d'une grande étendue.

Bœufs & vaches.

L'Iſlande a beaucoup de bœufs & de vaches. Ces animaux ſont de petite taille. Les bœufs ont un goût ſauvage; les vaches donnent beaucoup de lait (a),

(a) Les Iſlandois, au défaut de foin, nourriſſent leurs beſtiaux avec des arrêtes de poiſſon bouillies.

quelques-unes en donnent vingt pots par jour ; leur lait est admirable, c'est la nourriture & la boisson des malades ; le petit-lait est la boisson principale de ceux qui se portent bien, ils la nomment *syre*. Elle devient aigre en vieillissant ; c'est alors qu'ils la trouvent bonne & saine : ils y mêlent même souvent du jus d'oseille quand elle est trop fraîche.

Gibier. Tout le gibier d'Islande consiste en becasses, becassines & perdrix. La perdrix, que les insulaires appellent *riper*, est blanche, elle est plus grosse que les nôtres, elle a les pattes couvertes d'un duvet comme celles d'un lapin : les perdrix ont également les plumes blanches dans la Laponie (*a*), & sont grosses comme celles d'Islande. Les Islandois les tuent à coup de fusil, ou les prennent dans les lacs.

Oiseaux de proie. L'Islande est remplie d'un nombre infini d'oiseaux de proie de toute espece, comme aigles, vautours, éperviers, faucons, hiboux, corbeaux, & beaucoup d'autres qui ont des noms particuliers, ou qui n'en ont point. De tous les oiseaux, le faucon est celui qui mérite le plus notre attention. On en trouve de blancs, de gris-blancs & de gris. Il est reconnu que les faucons d'Islande sont les meilleurs, ils sont plus gros & plus forts que ceux des autres pays, & peuvent chasser plus de douze ans. Le Roi de Dannemarck en envoie chercher tous les ans. Il paye cinquante

(*a*) M. Linnæus, page 268.

livres

livres de notre monnoie pour un faucon gris, & quatre-vingt livres pour un blanc.

Il y a beaucoup d'oiseaux aquatiques, comme cignes, oies, canards, plongeons, *&c.* mais le plus remarquable & le plus lucratif pour les habitans est le canard qui donne l'edredon. Ce canard rapporte un double profit aux Islandois ; il produit des œufs excellens qu'on peut lui faire renouveller jusqu'à trois fois, & il fournit un précieux duvet.

Cet oiseau forme l'intérieur de son nid avec le duvet qu'il arrache de son estomach, ensuite il pond trois ou quatre œufs. L'habitant à qui le nid appartient, enleve le duvet & les œufs ; la femelle se déplume encore, refait son nid, & pond d'autres œufs qu'on lui enleve de nouveau : alors le mâle se déplume à son tour, refait le nid, & la femelle pond des œufs pour la troisieme fois ; mais on les lui laisse ; attendu que si on les enlevoit trois fois, elle n'en feroit plus & abandonneroit pour toujours ce canton malheureux, ce qui feroit une perte considérable ; car les petits viennent l'année suivante se multiplier dans l'endroit où ils ont pris naissance. On a dit à M. Anderson que les Islandois mettoient un bâton d'une demi-aune de long dans le nid des canards à duvet, afin d'obliger la femelle à pondre une quantité d'œufs assez grande pour couvrir le haut du bâton, au point de pouvoir s'asseoir dessus pour les couver. Je suis surpris que M. Anderson ait publié de pareilles fables ; mais tout ce que je viens de dire est dans le vrai. Nous avons tué pendant notre séjour en Islande beaucoup de ces animaux mâles & femelles, & j'ai remarqué que le duvet que l'on arrache au mâle qui a beaucoup de plumes blanches, est bien plus beau & plus fin que celui de la femelle.

Poissons. La quantité de poissons de toute espece qui abondent sur les côtes d'Islande est prodigieuse. On en pêche toute l'année ; cependant le tems le plus convenable est depuis le mois de mars jusqu'au mois de septembre. On y prend des harengs, des cabeliaux ou morues, des égreffins, des hillebuts, des folles, des plies, des flaitans, des colins, des maqueraux, des rayes, *&c.* Tous ces poissons sont assez connus, mais nous en avons pris qui étoient d'une grandeur extraordinaire ; nous pêchâmes un jour un flaitant qui pesoit trois cens livres. Le poisson le plus singulier de cette côte est celui que nous nommons loup, & que les Islandois nomment *steen-bit*, c'est-à-dire *mangeur de pierres*, en effet, quand on l'ouvre, on le trouve toujours plein de petites pierres ou gravier : il se nourrit aussi de petites morues, auxquelles il fait continuellement la guerre. Toutes les fois que le tems le permet les Islandois vont à la pêche dans les baies, ou même à une ou deux lieues en mer ; ils s'embarquent dans des esquifs légers, nommés *yolles*. Le poisson le plus commun & qui fait la grande richesse des habitans est le cabeliau, ou la grande morue que ces insulaires nomment *forsch*, c'est leur principale denrée marchande ; ils en tirent leur subsistance en le changeant contre les choses dont ils ont besoin. C'est ce même poisson que les François & les Hollandois vont pêcher sur les côtes d'Islande, depuis le mois de mars jusqu'au mois de septembre. Les bâtimens dont ils se servent, & qu'ils appellent *dogres*, sont d'environ cent tonneaux. La pêche commence à la pointe de Brederwick, & finit à la pointe de Langerness, en remontant par le cap de Nord & par l'isle Grims. On pêche à l'hameçon, qu'on garnit d'un morceau de viande crue ou du cœur d'un poisson pris récemment. La pêche des dogres françois ou hollandois se fait ordinairement à quatre ou six lieues en mer, à quarante ou cinquante brasses de profondeur. Plusieurs bâtimens vont même quelquefois à quinze lieues au large pêcher par cent brasses d'eau. A mesure qu'on prend de la morue, on la décolle, on la lave bien, on l'habille, on la met en des tonnes avec du sel de mine ou de Lisbonne. Voilà comme se fait cette pêche qui occupe tous les ans quatre-vingt bâtimens françois, & plus de deux cens hollandois. La morue ainsi préparée est délicate & blanche, le sel de mine contribue à lui conserver la blancheur, parce qu'il ne dépose point sur le poisson une vase noire, comme fait le sel de France. On est surpris, vu la quantité prodigieuse de morue qu'on prend tous les ans sur le grand banc, dans le Nord, *&c.* que la mer n'en soit

G ij

point dépeuplée ; mais un physicien qui a eu la patience de compter les œufs d'une morue, & qui a trouvé dans une seule neuf millions trois cens quarante-quatre mille œufs, rassure par ce calcul les observateurs, & prouve que la génération de ce poisson est plus forte que sa destruction. Après la morue ou le cabeliau, le poisson le plus commun sur les côtes de la mer du Nord, est le hareng, dont la pêche est d'un produit infini pour les nations boréales. Ce poisson est si abondant, que, malgré l'énorme quantité qu'on en prend, on calcule que le nombre des harengs pris chaque année par tous les pécheurs dans les mers du Nord, est au nombre de ceux qui peuplent tous les ans ces mers, comme un est à un million. Cette pêche nourrit en Hollande plus de cent mille personnes. M. Huet évalue le produit annuel de la pêche des Hollandois en harengs à vingt-cinq millions, dont dix-sept millions de pur gain & huit millions pour les frais. Doot soutient qu'en 1688 quatre cens cinquante mille Hollandois furent employés à la pêche du hareng ou à ce qui la concerne.

Baleine. On voit une grande quantité de baleines, sur-tout dans l'été, sur les côtes d'Islande. J'en ai vu douze ou quinze ensemble, à cinq ou six lieues de terre, dans le nord des isles aux Oiseaux ; je leur fis tirer une vingtaine de coups de canon à boulet, pour exercer mes canonniers qui en blesserent plusieurs. On prend en Islande beaucoup de saumons ; & dans les lacs, tels que le Myvarne dont j'ai déja parlé, on trouve quantité de truites excellentes, que les habitans fechent & falent, pour en faire leur nourriture pendant toute l'année. Les anguilles font auffi très-communes, mais les Iflandois ont pour ce poiffon une averfion finguliere.

Constitution des Iflandois.

Après avoir détaillé les productions d'Iflande, il convient de faire connoître la conftitution, les travaux, & la vie privée des Iflandois. Ces peuples font d'une taille ordinaire, & d'un tempérament robufte; ils jouiffent d'une fanté admirable; une éducation mâle, une vie fobre, pénible & frugale contribuent fans doute à leur donner cette trempe forte. Ils font en général allertes & bienfaits; ils ont de belles dents & prefque tous des cheveux blonds. Les femmes ne font point d'une auffi bonne conftitution que les hommes, leurs occupations font fort douces; elles travaillent & préparent les laines, & leur plus grande peine eft de faire le foin. Leurs couches ne font point faciles, & auffi heureufes que le dit M. Anderfon; un inftant après leur délivrance, elles ne vont point fe baigner & fe remettre à leur ouvrage. Dans les différens féjours que j'ai faits en ce pays, mon chirurgien en a accouché plufieurs avec les mêmes difficultés, & je fais qu'elles reftoient toutes huit jours au lit; j'ai même appris qu'il en meurt beaucoup en couche faute de fages-femmes, de chirurgiens & des fecours néceffaires. Les Iflandois n'ont ni bons chirurgiens, ni habiles médecins, cependant après l'âge de cinquante ans ils en auroient grand besoin ; c'est à cet âge qu'ils commencent à être attaqués par les maladies & les infirmités. On voit rarement dans cette isle un homme de quatre-vingt ans : les Islandois périssent presque tous par la poitrine, par le scorbut & par les obstructions. Ils appellent presque toutes les maladies qui les menent au tombeau du nom générique de *landsarsak*. Ils ont une maladie héréditaire qui differe peu de la lepre, mais qui n'est pas contagieuse. On sera sans doute étonné que les Islandois que j'ai peint si vigoureux, deviennent infirmes dans un âge si peu avancé ; mais il faut faire attention aux travaux rudes qui les occupent continuellement, & à la vie sédentaire qu'ils menent. Ils n'ont point d'exercices publics, ils ne connoissent ni les jeux, ni les danses, ils essuyent nuit & jour à la pêche les injures du tems, ou s'ils habitent l'intérieur de l'isle, ils ne sortent pas de chez eux sans se mouiller les pieds dans les vallées toujours humides par la quantité de ruisseaux & de torrens qui descendent des montagnes couvertes de neige & de glaces. Les Islandois élevent leurs enfans avec tous les soins possibles, on ne les sevre pas plutôt qu'en France, & M. Anderson se trompe lorsqu'il prétend qu'ils ne têtent que huit ou dix jours, mais (n'en déplaise à M. Horrebows) il dit la vérité, quand il avance que lorsqu'on porte un enfant à l'église pour le baptiser, on lui met dans la bouche un morceau de linge trempé dans du lait : je l'ai vu & je puis le certifier. Ce qui m'a paru le plus ſingulier dans la façon d'élever les enfans, c'eſt qu'on les met en culotte & en veſte au bout de deux mois.

Nourriture des Iſlandois.

J'ai dit que la vie des Iſlandois étoit ſobre & frugale, le lecteur en pourra juger ſur ce que je vais raconter de leurs repas ; ils vivent ordinairement de têtes de cabeliaux pendant l'été, & de têtes de moutons pendant l'hiver : ils décolent la morue ou cabeliau pour la ſécher ou la ſaler, & les têtes ſe conſomment dans le ménage. Un ménage ordinaire ſe nourrit avec trois ou quatre têtes de morue bouillies dans l'eau de mer. Il font cuire dans l'eau le poiſſon, la viande & tous leurs alimens. Les têtes de moutons qu'ils mangent l'hiver ſont le ſuperflu des ſalaiſons de ces animaux dont ils font commerce. Ils mettent ces têtes dans une eſpece de vinaigre pour les conſerver. Ce vinaigre ſe fait avec du petit-lait, du jus d'oſeille, & autres herbes fortes. Tous leurs mets ſont apprêtés ſans ſel & ſans épiceries, le beurre eſt le ſeul ingrédien ; mais le laitage eſt la principale nourriture des inſulaires. Le pain eſt très-rare en Iſlande ; les pauvres n'en connoiſſent point l'uſage, & ne vivent que de poiſſon ſec ; ceux qui ont plus d'aiſance mangent du pain les jours de réjouiſſance, comme noces, baptêmes, aſſemblées, *&c.* Ce pain leur eſt apporté de Copenhague. Il a la forme des galettes ou biſcuits de bord ; il eſt fait de groſſe farine de ſeigle, & il eſt noir à faire horreur.

Habillement des Iſlandois.

L'habillement des Iſlandois, & ſur-tout des Iſlandoiſes, eſt aſſez ſingulier ; je ne parle pas des officiers de juſtice qui viennent de Copenhague, & s'habillent comme en Dannemarck ; il n'eſt ici queſtion que des habitans naturels d'Iſlande. Les hommes ſont preſque habillés comme nos matelots ; ils ont une grande veſte en façon d'habit & un bon gilet de drap ; la culotte eſt de même étoffe que le gilet. Ils portent quatre & ſix rangs de boutonnieres ſur leur gilet ; & comme les boutons ſont toujours de métal, cuivre ou argent, ils ſervent d'ornement. Les pêcheurs mettent par-deſſus un gros gilet uni un autre gilet de peau de mouton ou de cuir ; ils frottent ce gilet de foie de poiſſon ou de graiſſe, pour le conſerver & le rendre impénétrable à la pluie. Ils couvrent l'autre moitié du corps d'une eſpece de pantalon de cuir qui leur tient lieu de culottes, de bas & de ſouliers. Ils ont de grands chapeaux rabattus, qui les mettent à l'abri des injures de l'air quand ils vont à la pêche. Les femmes ont des robes, des camiſolles & des tabliers d'un drap, appellés *wadmel*, qui ſe fait en Iſlande : elles mettent par-deſſus leur camiſolle une robe très-ample, aſſez ſemblable à celles des jéſuites, mais elle ne deſcend pas ſi bas que les juppes qu'elles laiſſent voir. Cette robe eſt de différente couleur, mais plus ſouvent noire ; on la nomme *hempe :* elle eſt garnie d'un ruban de de velours ou de quelqu'autre ornement. Les femmes riches portent le long du devant de la *hempe* plusieurs paires de boucles d'argent ou de vermeil, qui ne servent qu'à la parure. Elles garnissent aussi le bas de leurs tabliers & de leur juppes, & les coutures de leurs camisolles de rubans de soie, de galons ou de velours de différente couleur. Elles portent un collier roide, large de trois ou quatre doigts. Ce collet ou collier est toujours d'une très-belle étoffe ou d'un velour bordé d'un galon d'or ou d'argent. Leur coëffure a l'air d'une pyramide ou d'un pain de sucre de deux ou trois pieds de hauteur; elles se coëffent avec un grand mouchoir d'une très-grosse toile qui se tient tout droit, qui est couvert d'un autre mouchoir plus fin, qui forme la figure que je viens de dire. Les hommes & les femmes portent également des souliers de cuirs de bœuf, ou de peau de mouton cousus par les femmes. Ces souliers qui n'ont point de talons, & qui ressemblent assez à des bourses à jettons, se lient & se serrent au bas de la jambe par le moyen de petites courroies, qui font l'effet des cordons de bourse. Voyez l'habillement, planche *A*.

Planche *A*.

Habitation des Islandois.

MM. Horrebows & Anderson ne sont point d'accord sur la forme des habitations des Islandois. Le premier, qui voit tout en beau, fait la description des maisons que les gens riches habitent. Le second qui n'écrit que sur le rapport des pêcheurs qui ont fréquenté les côtes, trace la peinture des cabanes qu'habitent les pauvres. La description du premier est trop magnifique ; la peinture du second ne s'éloigne pas beaucoup de la vérité. En entrant dans chaque maison, dit M. Horrebows, on trouve un corridor profond, large de six pieds, au-dessus duquel sont des solivaux de traverse qui portent un toît. On pratique dans ce corridor, de distance en distance, des ouvertures rondes pour donner passage à la lumiere ; elles sont fermées par de petits carreaux de verre, & communément par de petits cercles de tonneaux, sur lesquels est tendu un parchemin qui se fait avec les vessies des bœufs & des vaches ; ils appellent ce parchemin *hinne ;* il est fort transparent. A l'un des bouts de ce corridor est l'entrée commune de la maison. Devant cette entrée est placée une chambre de quatorze aunes de long (*a*) sur huit aunes de large, que les Islandois appellent l'étuve ; cette piece sert ordinairement de salle de travail : les femmes y préparent la laine, y font les habits & les autres travaux du ménage. Au bout de cette salle, il y a ordinairement une chambre à coucher pour le maître & la maîtresse. Les enfans & les servantes couchent au-dessus. Il y a encore ordinairement deux autres pieces de chaque côté du corridor, l'une de ces pieces sert de cuisine, l'autre de garde-manger. La troisieme de laiterie, la quatrieme & la derniere à l'entrée du corridor

(*a*) L'aune islandoise a les trois cinquiemes de l'aune de France.

fert à faire coucher les domeftiques : cette piece eft appellée chez eux la *skaule*. On pratique fur le toît de chaque chambre des ouvertures, comme fur le corridor, pour introduire la clarté par le moyen de quelques vîtres ou de quelques chaffis de *hynne ;* mais la falle du travail eft ordinairement éclairée de deux fenêtres vîtrées ; outre toutes ces pieces, la plûpart ont encore du côté de la skaule une chambre pour recevoir les étrangers ; c'eft l'appartement de parade. Près de ce corps de logis, ils ont une maifonnette, qu'ils appellent *forge:* c'eft-là qu'ils font tous leurs ouvrages. Chaque habitant a de plus fon étable, fon écurie & fa bergerie. Les Iflandois ne ferrent pas le foin dans des maifons, mais ils le placent fur un lieu élevé entouré d'un foffé, & ils le mettent en tas féparés de fix pieds de hauteur, & fix pieds de largeur. Ils ménagent de petits intervalles entre les tas qui font couverts de gazons verds en pyramide pour que l'eau s'écoule facilement, & fe rende au foffé. Voilà la defcription que M. Horrebows fait des maifons ordinaires des Iflandois, il boife enfuite les appartemens, & les décore de glaces & de meubles. Les gens les plus riches du pays ont en effet des maifons diftribuées comme celles que l'on vient de décrire ; mais on n'y voit ni glaces, ni boiferies, ni meubles de parade. Les pieces, les chambres, les falles mêmes pour recevoir les étrangers ont rarement un plancher. Une table, quelques coffres ou armoires, & un poële conſtruit en briques ; voilà tout ce qui décore les maiſons que les plus riches habitent ; les pauvres & les pêcheurs n'ont qu'une ſimple cabane à moitié enfoncée dans la terre. Les beſtiaux occupent le bas ; les maîtres, les enfans, les domeſtiques couchent au-deſſus, & ne ſont ſéparés des animaux que par quelques planches volantes. Au reſte, toutes les habitations ſont couvertes de gazon. Cependant dans les villes, comme *Holum* & *Skalholt*, les maiſons des évêques & des baillifs ſont conſtruites en briques, en pierres & en bois, & ſont couvertes de planches ; mais elles coutent prodigieuſement, car preſque tous les matériaux ſont apportés de Copenhague. On appelle villes un amas de quelques maiſons très-voiſines.

Mœurs des Iſlandois.

Les Iſlandois n'ont point tous les vices que leur impute M. Anderſon, mais il s'en faut de beaucoup qu'ils aient toutes les belles qualités que leur donne M. Horrebows. Ils ſont bons, doux, humains, mais pareſſeux, défians, ivrognes. Les facteurs de la Compagnie danoiſe, qui a des magaſins en différentes parties des côtes, donnent de l'eau-de-vie en échange de poiſſons ſecs, de laine, & autres marchandiſes du pays, & ce commerce fournit aux habitans les moyens de s'enivrer. Ils ne m'ont point paru braves ; on m'a dit cependant qu'il y avoit des Iſlandois dans les troupes du Roi de Dannemarck. Ils ſont bons matelots ſur les côtes. Les Hollandois qui vont à la

Ch. Eisen del. le Mire Sculp.

Dame Islandoise.

pêche en débauchent souvent pour le service de leur marine. Les Islandois sont judicieux ; ils aiment les sciences & les arts ; ils jouent beaucoup aux échecs, ils ont pour ce jeu le goût le plus vif. J'ai trouvé en Islande beaucoup d'habitans qui parloient latin : plusieurs vont faire leurs études à Copenhague, & les font avec succès. Il y a aussi des colleges à Skalholt & à Holum, où les Islandois envoyent leurs enfans ; qui réussissent presque tous dans les humanités.

Religion.

En l'année 1000, le Islandois étoient plongés dans les ténebres de l'idolâtrie. Ils adoroient *Jupiter* sous le nom de *Thor*, & *Mercure* sous le nom d'*Odin* : ils ne reconnoissoient que ces deux divinités. La religion catholique y fut établie quelque tems après ; elle en a été depuis bannie par Christian III. roi de Dannemarck : ils sont tous aujourd'hui luthériens de la confession d'Ausbourg. Cette doctrine ne s'est point introduite chez eux sans effusion de sang. Un évêque catholique de la plus grande vertu, soutenu d'un parti puissant, voulut s'opposer aux progrès de l'erreur ; il résista long-tems, mais il fut victime de son zèle qui lui coûta la vie.

Commerce.

Les Islandois commercent avec une compagnie de Copenhague, qui a le privilege exclusif de venir en Islande, moyennant une somme qu'elle paye au Roi : cette Compagnie, dont j'ai déja parlé, établit dans chaque port des facteurs ou directeurs, qui ont des magasins pleins de marchandises qu'ils débitent pendant le cours de l'année aux insulaires. Ce débit continuel & journalier n'empêche pas qu'il ne se fasse tous les ans une grande vente à l'arrivée des vaisseaux de la Compagnie dans chaque port. Les marchandises d'exportation consistent en poissons secs, mouton salé, bœuf salé, beurre, huile de poissons, suif, laine brute, wadmel, camisoles grosses & fines, bas & gants de laine, peaux de moutons & de renards, soufre, plumes, édredon, *&c.* Les marchandises d'importation consistent en toute sorte de ferrures, pains secs, bierre, eau-de-vie, étoffes, farines, lignes de pêche, planches, bois de charpente, tabac, fers à cheval. Les Islandois payent tout ce qu'ils achetent avec leurs denrées ou marchandises du pays. On n'y connoît presque point l'argent. Toutes les ventes, tous les acquets, en un mot, toutes les affaires se traitent en poissons, & on paye en conséquence de l'évaluation; une aune de tabac vaut un poisson. Ainsi l'on peut regarder le poisson & le tabac comme la monnoie courante d'Islande.

Gouvernement.

Il me reste à parler du gouvernement d'Islande. Cette isle est divisée en quatre parties ou provinces; celles du nord, de l'est, du sud & de l'ouest. Ces provinces sont divisées en cantons, gouvernés par des baillifs. Il y a dix-huit ou vingt cantons, dont chacun renferme quinze ou seize paroisses. Toutes ces paroisses sont dirigées par deux évêques; l'un gouverne la partie septentrionale, & l'autre la partie méridionale. Le ſiege du Conſeil ſouverain ſe tient à Beſſeſted, ſous la direction d'un grand baillif qui y réſide. Le Roi entretient auſſi, pour la perception de ſes droits, un ſénéchal qui demeure également à Beſſeſted. Ces deux officiers principaux rendent compte au gouverneur-général d'Iſlande, qui fait toujours ſa réſidence à la cour de Copenhague. Voilà tout ce que je puis dire d'intéreſſant au ſujet de l'Iſlande, pour ne point m'écarter des bornes que je dois me preſcrire. Je reprends la ſuite de mon journal.

TROISIEME PARTIE.

Contenant la route d'Islande à Bergues ; la description de Bergues, de la Norvege, & des peuples situés au nord de la Norvege.

COMME j'avois ordonné à tous les pêcheurs que le coup de vent du 29 mai avoit fait relâcher à Patrixfiord, d'instruire toute la flotte que je demeurerois encore quinze jours en cette rade, pour être plus à portée de donner du secours aux bâtimens qui en auroient besoin, & pour ne pas les mettre dans le cas de me chercher à tâtons dans la brume, je restai en effet dans la même position jusqu'au 15 juin. Je dirai ici en passant que tout bâtiment du Roi qui sera envoyé en Islande pour protéger la pêche, ne sera jamais plus utile que lorsqu'il sera dans un port où il aura donné un *rendez-vous* général à tous les bâtimens qui pourroient avoir besoin de secours ou de réparation ; car la pêche d'Islande est si étendue, qu'il faudroit quatre frégates pour la protéger, & il regne en ces parages des brumes si épaisses, qu'il n'est pas quelquefois possible de voir un bâtiment à une portée de fusil.

Appareillage de Patrixfiord. Le 15 juin au matin, voyant apparence de vent de sud, je fis porter une petite ancre avec un grêlin au au ſud-ſud-oueſt, pour pouvoir appareiller facilement & promptement, ſoit en levant cette petite ancre avec ma frégate, ſoit en la laiſſant lever à ma chaloupe. La force de la tenue, la profondeur de l'eau & l'enfoncement de l'anſe où j'étois m'engagerent à faire cette manœuvre. Il fit calme toute la journée, je levai mes deux groſſes ancres après midi, & le ſoir à neuf heures, les vents étant de la partie du ſud, je mis à la voile. Je n'embarquai mes bâtimens à rames que lorſque je fus en-dehors des pointes qui ſont à l'entrée de la baie, parce que je pouvois en cas de calme en avoir beſoin pour me remorquer. J'ai oublié de dire qu'il y a au ſud de la pointe méridionale de Patrixfiord, en-dehors, une anſe de ſable jaune, qui fait une reconnoiſſance de quatre lieues & qui ſert de marque pour cette partie.

Le 16, je fis des relevemens le long de la côte. Le 17 & le 18, les vents varierent du oueſt-nord-oueſt au ſud-oueſt foibles avec de la brume. Le 19, étant en la partie de la mer, & en l'endroit même où il a exiſté autrefois pluſieurs iſles aſſez conſidérables ſous le nom d'*iſles de Goubermans*, je fis ſonder, & je trouvai cent quarante braſſes d'eau fond de vaſe & mêlé d'herbes.

Diſparition des iſles de Goubermans.

Le plan de ces iſles a été levé par des ingénieurs danois, qui ont fait la carte d'Iſlande. Les inſulaires, c'eſt-à-dire les Iſlandois racontent qu'elles exiſtoient au nombre de neuf; qu'elles n'étoient qu'à quatre lieues de la grande isle, & qu'elles avoient été englouties dans un tremblement de terre ; ce qu'il y a de certain, c'est qu'elles sont encore sur toutes les cartes, qu'il n'en reste plus de vestiges, & que c'est l'endroit de la mer, où il y a sur la côte le plus de profondeur. Au reste il n'est pas plus difficile de se figurer que ces isles ont été englouties par des tremblemens & des incendies de terre, que d'imaginer que l'Islande même est une production des feux souterrains, comme le pense un célebre physicien (*a*), qui prétend que les volcans lui ont donné naissance, & que c'est un enfant de la terre. Le même jour à midi, ayant observé la latitude, je vis que j'étois exactement sous le cercle polaire ; je voulus continuer ma route au Nord, mais je fus arrêté par une chaîne de glace, qui s'étendoit depuis le cap de nord jusqu'où la vue pouvoit porter dans le nord-ouest. Je ne voulus pas m'y engager avec une frégate foible d'échantillon qui faisoit de l'eau, & qui, par sa grande longueur, étoit difficile à manœuvrer dans les glaces. Je jugeai donc à propos de regagner au sud ; & comme j'étois obligé de relâcher en quelque port pour avoir du bois & des rafraîchissemens, je choisis, pour aller à Bergue en Norvege, le tems que les pêcheurs alloient employer à chercher un passage dans les gla-

(*a*) Egerhardus ola, de igne subterraneo, pag. 14.

ces pour gagner l'iſle Grims & la pointe de Langerneſs.

Le 20 à minuit, comme nous faiſions route au oueſt-ſud-oueſt pour paſſer au large des iſles aux Oiſeaux, les vents au nord-eſt avec de la brume, on cria du gaillard-d'avant que nous étions ſur les glaces. En effet, au même inſtant, je vis à tribord de gros morceaux de glace, qui faiſoient partie d'une banquiſe dont l'extrémité étoit devant moi. Je vins tout-à-coup ſur bas-bord pour la doubler au vent, & j'en paſſai ſi près que j'acoſtai pluſieurs morceaux détachés qui ne nous firent point de mal, quoique la frégate en reſſentît de rudes ſecouſſes. Il eſt à propos de faire ici mention de quelques manœuvres qui pourront être utiles à ceux qui ſe trouveront pour la premiere fois engagés dans les glaces. Il n'eſt pas étonnant qu'ils ſoient effrayés à l'aſpect de ces maſſes énormes, qui ſe briſeront ſouvent autour d'eux avec un fracas épouvantable; leur crainte s'évanouira lorſqu'ils ſauront que les vaiſſeaux ont cherché ſouvent un aſyle dans les glaces, ou que des navigateurs s'y enfoncent pour ſe mettre à l'abri de la tempête; parce qu'au milieu des glaces, la mer eſt toujours belle, & qu'on y eſt comme dans un port. Mais il faut avoir l'attention de garnir le vaiſſeau avec des bouts de vieux cables, des matelats & des paillaſſons. On peut auſſi s'amarer le long d'une glace en y enfonçant des chevilles de fer de cinq pieds de longueur, ſur leſquelles che-

Glaces.

Manœuvres au milieu des glaces.

villes on porte des grêlins qu'on a ſoin de roidir à bord, & à l'avant & à l'arriere du bâtiment par le moyen du cabeſtan. Au défaut de chevilles de fer, on ſe ſert de grapins & de pinces qu'on enfonce dans la glace à coups de maſſe. On ſerre ou on cargue les voiles, & l'on ſe trouve amarré comme le long d'un quai. Il faut prendre garde de s'amarrer à une glace trop élevée; car on en voit de hautes qui ſe briſent & capottent continuellement. Lorſque la vue d'une ouverture dans les glaces, un changement de vent, ou le voiſinage d'une côte engagent à virer de bord, on manœuvre le vaiſſeau par le moyen des amarres comme dans un port. Si l'on veut ſe frayer une route dans les glaces pour y entrer ou pour en ſortir, on prend deux mâts d'hune de rechange, on amarre les deux gros bouts ſous les portes-haubans de miſaine, & l'on forme avec les deux petits bouts une fourche en avant de la proue, laquelle fourche eſt ſoutenue par un amarrage ſous le mât de beaupré: cette fourche ſert à écarter les glaces en avant du bâtiment. Si l'on ne juge pas à propos de ſe ſervir de cet appareil, on choiſit un morceau de glace un peu moins élevé que la proue, on gouverne ſur lui à petites voiles; & lorſqu'on le tient ſous l'épron ou le taille-mer, on force alors de voile. Ce morceau de glace qui eſt chaſſé par le vaiſſeau, chaſſe à ſon tour toutes les glaces qui s'oppoſent au paſſage du bâtiment, qui, par ce moyen, ne ſouffre aucun dommage.

Le 21, le 22 & le 23, les vents variant continuellement, & la mer groſſe, je gouvernai au ſud-ſud-oueſt & ſud-oueſt quart de ſud; & le 23 à minuit, m'eſtimant à dix lieues à l'oueſt de la plus au large des iſles aux Oiſeaux, je fis ſonder, je trouvai deux cens cinq braſſes d'eau fond de ſable noir comme la poudre à canon. La qualité du fond me fit reſſouvenir qu'un capitaine pêcheur avoit rapporté qu'il avoit trouvé une roche dans le nord-oueſt des iſles aux Oiſeaux, diſtance de ſept lieues, qu'il avoit ſondé tout à l'entour & trouvé vingt braſſes d'eau fond de ſable noir. La reſſemblance du fond que j'avois trouvé avec celui des environs de la roche ſemble en confirmer l'exiſtence.

Conjecture ſur une roche.

Avant de m'éloigner de l'Iſlande, il eſt bon de faire part au lecteur des connoiſſances que j'ai pu acquérir, concernant les ports qui ſont ſitués à l'oueſt & au nord de cette iſle. Je commencerai par *Adelfiord*, qui eſt au nord de Luſbaye, & je continuerai de même juſqu'à la pointe de Langerneſs. Adelfiord ou la baie qui porte ce nom, eſt très-grande & très-profonde, mais le mouillage n'y eſt point bon pour de gros vaiſſeaux, parce que la côte eſt très-eſcarpée, & qu'il faut mouiller très-près de terre. Les pêcheurs étant mouillés, ont la poupe à une ſi petite diſtance de la côte, que les équipages vont à terre par le moyen d'un planche.

Deſcription des ports de l'oueſt & du nord de l'Iſlande.

La baie de Direfiord eſt auſſi belle & auſſi grande

que celle de Lufbaie, il n'y a aucun danger pour y entrer, il faut feulement prendre garde aux rafales qui viennent par les gorges, comme je l'ai dit en parlant de Patrixfiord. Par-tout le mouillage eft bon pour des vaiffeaux de guerre. Il y a au fond de la baie deux pointes en pain de fucre qu'on prend de loin pour deux ifles pyramidales, & qui font reconnoître la baie de Direfiord quand on vient du large.

La baie de Weft-Norderfiord eft auffi grande que la derniere ; il y a bon mouillage dans la premiere anfe à bas-bord en entrant, mais il ne convient qu'à des bâtimens qui comptent en partir inceffamment, & il vaut mieux s'enfoncer davantage pour être plus à l'abri. On trouve vingt-cinq braffes d'eau au milieu de la baie ; mais dans le fond, on mouille par feize & dix-huit braffes (bonne tenue) : il y a des roches à ftribord & à bas-bord en entrant, mais elles font toutes à terre.

La baie de Pikhol eft trop ouverte, elle ne convient qu'à des pêcheurs ou à de petites corvettes, il faut aller mouiller près de la maifon du miniftre, & fe mettre à couvert par la pointe du nord. On y eft mouillé par douze braffes d'eau fond de fable fin.

La baie de Bolk-Bogt eft plutôt un golfe qu'une baie ; elle eft peu connue. Les pêcheurs s'y enfoncent rarement ; cependant un patron ou maître m'a dit qu'il a été une fois au fond de la baie, & qu'il avoit trouvé derriere une pointe qui s'avance un ancrage excellent ſous la maiſon du facteur de la Compagnie ; il m'a même ajouté que s'il étoit obligé d'hiverner en Iſlande, il choiſiroit cet endroit par préférence.

La rade de Seertel-Baie eſt très-belle, il y a bon mouillage pour tout bâtiment : on peut mouiller à ſtribord en entrant après avoir doublé une pointe, mais le meilleur ancrage eſt au pied d'une coupure très-remarquable au fond de la rade. On reconnoît cette rade par une colline de ſable gris qu'on voit de très-loin.

On mouille dans la baie de Rakol par douze braſſes d'eau fond de ſable. On y eſt à couvert des vents de la partie du ſud & de l'eſt, mais d'un vent de nord & d'oueſt, on y ſeroit très-expoſé.

La rade de Rakbaye eſt très-grande & très-bonne ; cinquante vaiſſeaux de guerre y ſeroient très-bien mouillés ; le meilleur endroit pour jetter l'ancre eſt du côté du ſud dans le fond de la baie à une demie lieue de terre. On y trouve du bois de dérive, même des arbres entiers que la mer jette ſur le rivage.

Le cap de nord eſt à ſtribord en ſortant de Rakbaye. A l'eſt du cap de nord, du côté du golfe d'Orgel-Bokt, il y a un ſaut ou une riviere qui ſe précipite à gros bouillons d'écume, & avec grand bruit ; c'eſt une marque de reconnoiſſance ſur cette côte. Ce ſault ou cette riviere ſe nomme *Watalope*.

Dans tout le golfe d'*Orgel-Bogt*, il n'y a que la baie

d'*Eſt-Norderfiord* où une frégate puiſſe ſe réfugier ; ſon mouillage eſt à ſtribord en entrant à deux cables de terre ſous les cabanes des Iſlandois. Les pêcheurs vont mouiller au fond de la baie, mais il faut paſſer une barre ſur laquelle il ne reſte à baſſe-mer qu'onze pieds d'eau. La mer y jette auſſi des bois ; dans cette baie eſt une riviere où l'on prend beaucoup de ſaumons. A la pointe orientale du golfe, il y a une batture ou une chaîne de roches qui porte plus au large qu'elle n'eſt marquée ſur les cartes hollandoiſes. A l'eſt de cette chaîne de roches, on voit quatre iſles aſſez hautes & très ſaines ; la quatrieme eſt à l'entrée de la baie de *Klipbaye* où l'on peut mouiller près de terre ſtribord ou bas bord, mais il faut prendre garde à un grand banc qui tient le milieu de la baie, & ne permet pas de louvoyer. A l'eſt des quatre iſles dont je viens de parler, on voit une grande iſle plate qui ſe nomme *Ulakiland*, au pied de laquelle il y a un mouillage dans l'oueſt. Cette iſle eſt dans le ſud-quart-ſud-eſt, corrigée de l'iſle Grims où l'on mouille dans la partie méridionale. On y eſt à couvert des vents de la partie du nord, mais il faut être prêt à appareiller lorſqu'ils viennent à ſouffler du ſud-eſt ou du ſud-oueſt. Les marées y ſont très-fortes, leur direction eſt *eſt* & *oueſt*. On trouve un bon mouillage à la pointe de Roodehoek à l'abri des vents du ſud-eſt par dix braſſes d'eau fond de ſable au ſud d'une roche ronde, qui eſt ſaine & très-remarquable. Il y a auſſi

auſſi bon mouillage à Oudeman de tout vent de ſud; mais ſi le vent vient de la partie du nord, il faut mettre à la voile. Voilà ce que j'ai appris des pratiques que j'avois à bord, & de pluſieurs pêcheurs de morue, avec qui j'ai ſouvent eu des entretiens relatifs à la matiere que je viens de traiter. Je parlerai plus bas des ports ou rades de la partie de l'eſt de l'iſle.

Je crois qu'en liſant ce journal perſonne ne ſera ſurpris que je faſſe des obſervations, & que j'entre à minuit, comme à midi, dans tous les ports d'Iſlande. Perſonne n'ignore que dans la ſphere paralelle, ou ſous les pôles, on a ſix mois de jour & ſix mois de nuit; que plus on approche du pôle, plus les jours & les nuits ont de durée, ſelon les ſaiſons. Tout le monde ſait auſſi que, par la réfraction, le ſoleil nous éclaire, quoiqu'il ſoit ſous l'horiſon; que cette lumiere s'appelle crépuſcule; que le lever ou le coucher du ſoleil fait le crépuſcule du matin, ou le crépuſcule du ſoir; & qu'enfin plus l'obſervateur s'éloigne de l'équateur & approche des pôles, plus il y a de crépuſcule. Ainſi l'on comprend ſans peine qu'en Iſlande, qui s'étend au nord juſques ſous le cercle polaire, on jouit à la faveur du crépuſcule d'un jour continuel à pouvoir lire & écrire à minuit, depuis le mois de mai juſqu'au mois de ſeptembre, & que le ſoleil ne ſe couche pas, & reſte ſur l'horiſon huit jours avant, & huit jours après le ſolſtice d'été, c'eſt-à-dire à-peu-près depuis le 12 juin juſqu'au premier juillet.

Jour continuel.

Le 24, les vents varierent & firent le tour du compas, tantôt foibles & tantôt violens, mais la mer toujours grosse. Je gouvernai au sud-quart de sud-ouest ; & le 25 à midi, j'étois par 60 degrés 58 minutes de latitude, & par 19 degrés 30 minutes de différence occidentale du méridien de Paris. En pointant ma carte, je vis que la partie du sud des isles de Ferro me restoit à l'est trois degrés nord, distance de cent dix lieues sur la carte de M. Bellin, & rapportant mon point sur les cartes hollandoises, la même partie du sud des isles de Ferro me restoit à l'est-nord-est distance de quarante-deux lieues, ce qui fait soixante-huit lieues de différence en longitude, ou environ sept degrés sur ce paralelle. La roche du sud de ces isles est, suivant M. Bellin, par 61 degrés 17 minutes de latitude, & la carte hollandoise la place par 61 degrés 44 minutes, c'est-à-dire 27 minutes plus nord. Ces différences, tant en latitude qu'en longitude, me surprirent & me mirent dans l'incertitude sur la direction de la route, mais je me décidai à atterer sur la pointe méridionale des isles de Ferro, suivant la latitude que lui donnoit M. Bellin. Je dirigeai ma route en conséquence, & j'observai le soir au coucher du soleil la déclinaison de l'éguille aimantée que je trouvai de 23 degrés 30 minutes.

Différence ou erreur des cartes.

Le 26 à midi, ayant fait 43 lieues à l'est-sud-est avec un vent d'ouest frais, j'observai la latitude que je trouvai comme la veille de 60 degrés 58 minutes;

& j'étois par 14 degrés 58 minutes de différence occidentale du méridien de Paris. Comme je n'avois point de différence en latitude, après avoir gouverné depuis vingt-quatre heures à l'est-sud-est avec attention, je conjecturai que la variation n'étoit que de deux airs de vent ou de 22 degrés 30 minutes.

Variation estimée.

Le 27 à trois heures du matin, ayant couru depuis le 26 à midi à l'est-quart-sud-est avec des vents de nord, & de nord-nord-ouest très-frais & la mer mâle, nous eumes connoissance des isles de Ferro. Je passai à deux lieues dans le sud d'une roche qui est aussi au sud de ces isles, & qui me parut à une lieue de terre. Je remarquai des brisans à une demi-lieue de cette roche. A midi, je pris hauteur sous la terre, & je connus, en faisant cadrer ma latitude observée, mes routes & mes relevemens, que ces isles sont bien placées sur la carte de M. Bellin. J'ai tiré deux vues de ces terres qui serviront à les reconnoître. Voyez planche II. fig. 6 & 7. MM. Sauveur & Penne, qui ont mis au jour le *Neptune François*, marquent dans la table des marées, qui se trouve à la tête de leur ouvrage, que la mer est pleine aux isles de Ferro dans les nouvelles & pleines lunes à douze heures. Nous trouvâmes 18 degrés de variation observée par deux hauteurs correspondantes. Après avoir doublé les isles de Ferro, je dirigeai ma route pour passer au Nord & à vue des isles de Schettland, mais n'en ayant point connoissance le 28 à quatre

Planche II. fig. 6 & 7. V. pag. 17.

heures du matin, & jugeant par le chemin que j'avois fait que je les avois dépassées, (car j'avois toujours couru à l'est-quart-sud-est), je fis gouverner au sud-est-quart-d'est pour aller à Bergues. Je crois que dans le trajet des isles de Ferro à celles de Schettland les courans m'ont porté nord. Je dois aussi observer que j'ai eu dans ce trajet deux flots contre un jusant.

Le 29, les vents toujours de la partie du nord-ouest très-grand frais, la mer très-grosse, avec une brume épaisse. Je ne voulus point par un pareil tems aller attaquer les côtes épineuses de Norvege. Je tins sous les deux basses-voiles, & je m'occupai à sonder en attendant un tems plus favorable.

Le 30 à cinq heures du matin, le tems s'étant éclairci & le vent étant moins fort, je mis le cap à l'est-sud-est les vents au nord, pour aller chercher la terre; mais ayant observé à midi 59 degrés 12 minutes de latitude, je vis que j'étois trop sud pour entrer par la passe de Cruxfiord, qui est la moins longue & la plus fréquentée; je tins le vent, il étoit nord, & je gouvernai à l'est-nord-est. Comme j'étois par la hauteur 18 minutes plus sud que par mon estime, je cherchai la cause de cette différence dans la position des isles & des côtes dans la mer du Nord, qui, par leur gissement, ordonnent la marche des courans de la maniere suivante. Pendant le flot, la mer vient du ouest-sud-ouest frapper les isles de

Schettland, & changeant de direction dans le jusant, reflue au sud-sud-est en variant son cours selon le gissement des côtes jusqu'au pas de Calais ; mais ces eaux y rencontrant un nouveau flot, retournent & se portent sur les côtes de Juttland, qui les réfléchit & les renvoie au cap Derneus, d'où elles prennent leur cours, leur direction & leur mouvement au Nord, selon le gissement des terres de Norvege. Voilà, suivant mon opinion, la cause du courant qui porte toujours au sud sur les côtes de Schettland & du courant, qui porte toujours au nord sur les côtes de Norvege : ce mouvement général des eaux n'empêche pas le mouvement particulier & du flux & du reflux en chaque endroit. C'est ici le lieu de placer les remarques que j'ai faites, pour savoir avec certitude, par le moyen de la sonde, si l'on approche les isles de Schettland ou les côtes de Norvege, ce qui est très-intéressant pour les bâtimens qui croisent & qui naviguent en ces mers où il regne des brumes presque continuelles.

Lorsqu'on est dans le milieu du canal, entre les isles de Schettland & la côte de Norvege, ou qu'on n'en est guères écarté, on trouve soixante-cinq, soixante-dix ou soixante-quinze brasses d'eau fond de sable net & fin. Lorsqu'on approche les isles de Schettland, le brassiage ne diminue pas, il augmente même en certains endroits ; mais le fond change, le sable devient plus gros, plus noir, & il est plus mêlé de gravier à mesure qu'on approche ces isles. Au contraire lorsqu'on approche les côtes de Norvege, le brassiage augmente sensiblement, le fond se détrempe, le sable est plus mêlé de vase, & cette vase est plus claire à mesure qu'on approche la terre de Norvege. Ce canal est nommé par les marins le grand Entonnoir, & ils nomment petit Entonnoir le passage entre les orcades & les isles de Schettland au nord, ou au sud de la petite isle Fairehil qui est au milieu.

Le premier juillet à trois heures du matin, ayant gouverné à l'est-nord-est avec un vent de nord foible, depuis la veille à midi j'eus connoissance de terre; il faisoit un calme profond, & la nature étoit, pour ainsi dire, engourdie; mais le soleil en paroissant & en s'élevant sur l'horison la ranima, & nous donna du vent; c'est ce qu'on éprouve souvent dans la zone torride; en voici la raison.

Cause du vent que le lever du soleil fait naître.

Pendant tout le jour le soleil par sa chaleur détache & fait partir de dessus les plaines, & sur-tout de la surface de la mer, des particules aqueuses & des bulles d'air rarefié qu'il éleve loin de la terre. Celles qui partent les dernieres, retombent presqu'aussitôt par l'absence du soleil, elles se rapprochent dans leur chûte, & forment cette premiere fraîcheur de la nuit qu'on nomme serain; mais toutes les autres bulles qui, pendant la longue durée du jour, ont franchi l'air grossier, & se sont mises en équilibre avec les dernieres couches de cet air dans une région supérieure y demeurent suspendues pendant le calme de la nuit; aux approches du soleil, les premiers traits de la chaleur venant à se faire sentir dans l'air refroidi & resserré le dilatent nécessairement. Une masse d'air dilatée par le chaud en pousse une autre qui trouve la résistance d'une troisieme : cette émotion de l'air devient un vent, & l'atmosphere en est plus ou moins ébranlé.

A huit heures, étant encore à trois lieues de la côte, il vint à mon bord des pilotes norvégiens, qui me dirent que j'étois beaucoup plus sud que la passe de Cruxfiord, mais qu'il y avoit une passe à deux lieues dans le nord de l'endroit où j'étois, & que si je pouvois en louvoyant (le vent étoit nord) m'élever de deux lieues, ils me mettroient dans un très-bon mouillage en attendant le vent de la partie du sud pour monter à Bergues. Je commençai donc à louvoyer, pour gagner au vent. A midi, j'observai la latitude ; & à quatre heures, il s'éleva un orage dans la partie du nord-est, qui détermina les pilotes norvégiens à arriver pour aller chercher la passe du nord de l'isle de Bommel, par laquelle ils me menerent mouiller à Ingeson. Comme les mouillages à la côte de Norvege, c'est-à-dire dans les lits de Bergues, sont difficiles, & qu'ils demandent de grandes précautions. Je vais détailler tout ce que j'ai fait pour mouiller ; il faut auparavant instruire le lecteur des observations que j'ai faites sur la côte.

Variation. Je m'assûrai d'abord de la variation par trois différentes observations ; l'une ortive, l'autre azimutale, & la troisieme méridienne. Le rapport de ces trois observations me démontra que la déclinaison de l'éguille aimantée est de 17 degrés 50 minutes sur les côtes de Norvege sous l'isle de Bommel. J'observai la latitude à midi, & je connus par celle des relevemens que l'isle Bommel est 15 minutes plus nord qu'elle n'est marquée sur la carte à grands points du *Neptune*. J'ai fait la même observation dans ma seconde campagne, & j'ai trouvé que toute la côte de Norvege est plus nord de 15 minutes qu'elle n'est marquée sur la carte en question. Enfin je remarquai que les terres extérieures & au large des lits de Bergues se ressemblent presque toutes. Ce sont par-tout des roches de la même hauteur, également hachées & configurées ; ce qui rend cet attérage très-difficile, puisqu'il n'y a qu'une grande habitude qui puisse faire connoître le lieu où l'on prend terre. On peut dire que dans une étendue de douze lieues de côte du côté où j'ai attéré, il n'y a que le mont Bommel en l'isle de ce nom qui soit remarquable. J'en ai tiré la vue, voyez planche II. fig. 8. Les terres du continent ne peuvent guères servir de reconnoissance ; parce qu'elles sont presque toujours embrumées, couvertes de neige, & d'ailleurs très-reculées. Il y a plusieurs passes pour entrer dans les lits ou la riviere de Bergues. Depuis l'isle de Schuttness jusqu'à la ville de Bergues,

Planche II. fig. 8. V. pag. 17.

Bergues, on compte ſeize milles danois (*a*), qui font environ trente lieues de France ; & dans cette étendue de côte, il y a huit paſſages pour entrer dans les lits de Bergues. En venant du large du côté du nord de Bergues, il y a auſſi deux paſſes très-fréquentées ; la plus nord de ces deux paſſes n'eſt qu'à ſix milles danois de la ville. Au nord de ces deux paſſes, il y en a encore quelqu'autres, mais elles ſont ſi peu connues, ſi peu fréquentées, & ſi difficiles, qu'il ne faut pas les compter.

Voici le nom de toutes les paſſes, à commencer par la plus méridionale : 1°. Stavangerfiord, près de Stavanger, à ſeize milles danois de Bergues; 2°. Schuttneſs, qui eſt le commencement des lits, à quatorze milles ; 3°. Udcire à treize milles ; 4°. Bommelfiord à onze milles ; 5°. Solmenfiord à cinq milles ; 6°. Papefiord à quatre milles ; 7°. Cruixfiord à trois milles ; 8°. Jettefiord à près de trois milles à l'oueſt de la ville.

Les deux paſſes ou ouvertures fréquentées du côté du nord ſont 1°. Herlefiord ; cette paſſe eſt entre deux iſles très-avancées en mer, connues ſous les noms de *Henne* & de *Feyer*, à cinq milles de la ville (*b*). 2°. Foensfiord ; il y a dans le milieu de cette ſeconde paſſe une petite iſle haute, connue ſous le

(*a*) Le mille danois vaut environ deux lieues de France.

(*b*) Cette paſſe s'appelle auſſi Hennefiord ou Hennegat.

nom d'*Holmen-Graac*. On en prend connoiſſance pour approcher la terre : cette paſſe eſt à ſix milles de Bergues. On voit, par ce que je viens de dire, qu'il vaut mieux attérer au ſud qu'au nord, parce qu'il y a plus de paſſes dans la partie méridionale, qu'elles ſont plus faciles & que les courans portent au nord le long de la côte ; au reſte, le vent doit décider, mais je crois que la meilleure latitude pour prendre terre eſt celle de 59 degrés 40 minutes.

Remarques ſur l'attérage de Norvege.

On peut approcher la terre ſans rien craindre, elle eſt très-ſaine, la côte de Norvege préſente par-tout un aſpect effroyable, c'eſt une chaîne continuelle de rochers dont la vue fait frémir, mais rien ne doit empêcher d'acoſter ; car, comme je l'ai déja dit, on peut ranger ces rochers de fort près, & quand on eſt à deux lieues de terre, il vient toujours des pilotes norvégiens à bord, à moins qu'il n'y ait une tempête ; mais, dans un tems ordinaire, les pilotes vont juſqu'à trois lieues au large joindre les bâtimens qui arrivent : ils nagent même à l'envi pour gagner de vîteſſe ; mais le premier canot qui peut jetter une rame à bord d'un navire, a droit de le piloter, & toutes les autres yolles, ou petites chaloupes norvégiennes, ſe retirent non cependant ſans demander du biſcuit ou de l'eau-de-vie qu'ils aiment beaucoup.

J'ai dit que de tout tems on pouvoir aller chercher la terre, cependant s'il faiſoit de la brume, & ſi les vents étoient de la partie du oueſt-nord-oueſt gros frais, je ne conseillerois pas sans un besoin urgent de courir sur la côte, attendu que par un vent d'ouest-nord-ouest il n'y a pas moyen de se relever. Pour faciliter cet attérage, j'ai jugé à propos de faire graver un plan de cette côte qu'on m'a donné, j'ai eu soin d'y joindre les corrections que mes deux campagnes m'ont mis à portée d'y faire. Ce plan fera comprendre tout ce que j'ai dit des différentes passes ; on se fait mieux entendre quand on peut parler aux yeux. Voyez planche VIII. Quoique ce plan ne contienne point les quatre premieres passes du sud, ni les trois passes du nord, il comprend cependant environ vingt lieues de côte en la partie la plus essencielle. Planche VIII.

Je reviens à mon mouillage d'Ingeson, & comme tous ceux qu'on est obligé de faire dans la riviere de Bergues exigent des précautions, je vais détailler la manœuvre que j'ai faite pour mouiller à Ingeson ; elle servira d'instruction pour tous les bâtimens qui seront dans le cas de monter à Bergues, qui est le port de la mer du nord qui fournit le plus de ressources (*a*). D'ailleurs on peut être forcé de donner dans les passes sans pilotes, soit par l'ennemi supérieur, soit par la tempête, & ce que je vais dire, joint au plan de la côte, sera, je crois, d'une très-grande utilité.

(*a*) Il y a à Bergues une mâture, une belle corderie, & on y trouve des vivres & des rafraîchissemens.

Lorſqu'on vient du large avec un vent de la partie du nord, & qu'on releve le mont Bommel à-peu-près au ſud-eſt du compas, diſtance de ſix à huit lieues, il faut continuer ſa route en ſerrant le plus près, afin de ſe trouver au vent & au nord de l'iſle Bommel. Environ une lieue de terre, on appercevra une ouverture entre les rochers, & c'eſt la paſſe de Solmenfiord qui eſt à cinq milles de Bergues (*a*). Je ſuppoſe le lecteur à l'entrée de la paſſe, & je le prie de ſuivre la manœuvre que je fis. Les vents étoient nord, je ſerrai les iſlots & les roches de la partie du nord, dont je paſſai à la longueur de deux cables pour éviter des pierres qui ſont ſous l'eau au milieu de la paſſe, & que je laiſſai à ſtribord ſous le vent. Lorſque je fus à un quart de lieue de l'iſle *Rootholm*, je fis arriver pour arrondir cette iſle & la prolonger au ſud juſqu'à ce que je puſſe découvrir une ouverture à ſtribord ſous le vent, alors j'arrivai tout-à-fait pour donner dans cet enfoncement en faiſant le ſud & le ſud-quart-ſud-eſt. Je m'enfonçai dans cette anſe, & lorſque je fus à la longueur d'un cable du fond de la baie, je laiſſai tomber l'ancre de bas-bord, je mis la barre à ſtribord pour venir au vent en filant du cable. Auſſitôt que j'eus mouillé, & que la frégate eut fait tête, j'envoyai à terre à la côte de l'eſt un grêlin

Mouillage à Ingeſon.

(*a*) Cette paſſe a plus d'une lieue de large, & j'y ai louvoyé dans ma ſeconde campagne.

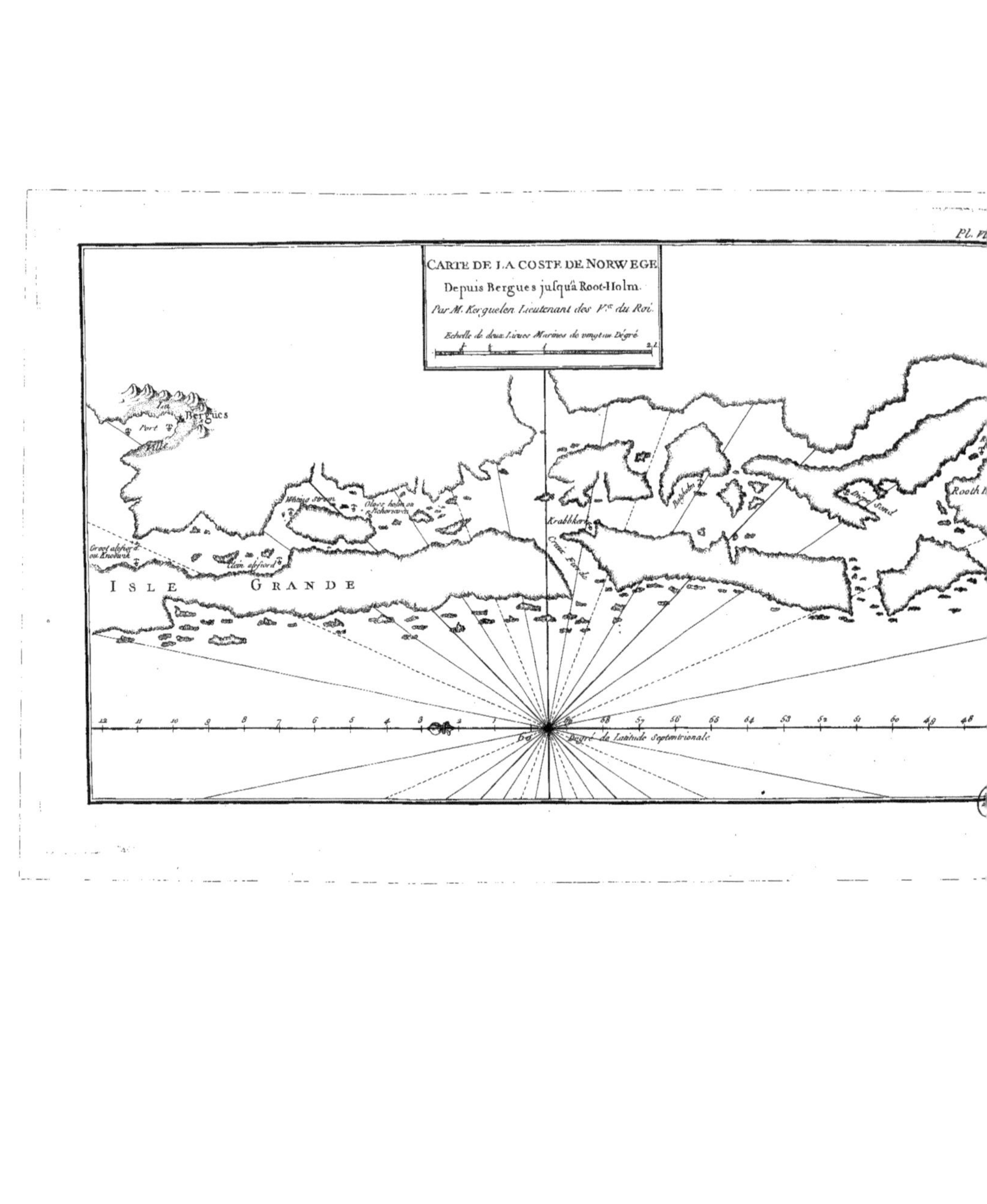
Pl. VI
CARTE DE LA COSTE DE NORWEGE
Depuis Bergues jusqu'à Root-Holm.
Par M. Kerguelen Lieutenant des Vx du Roi.
Echelle de deux Lieues Marines de vingt au Dégré
Bergues
Port
Ville
ISLE GRANDE
Krabbkers
Degré de Latitude Septentrionale

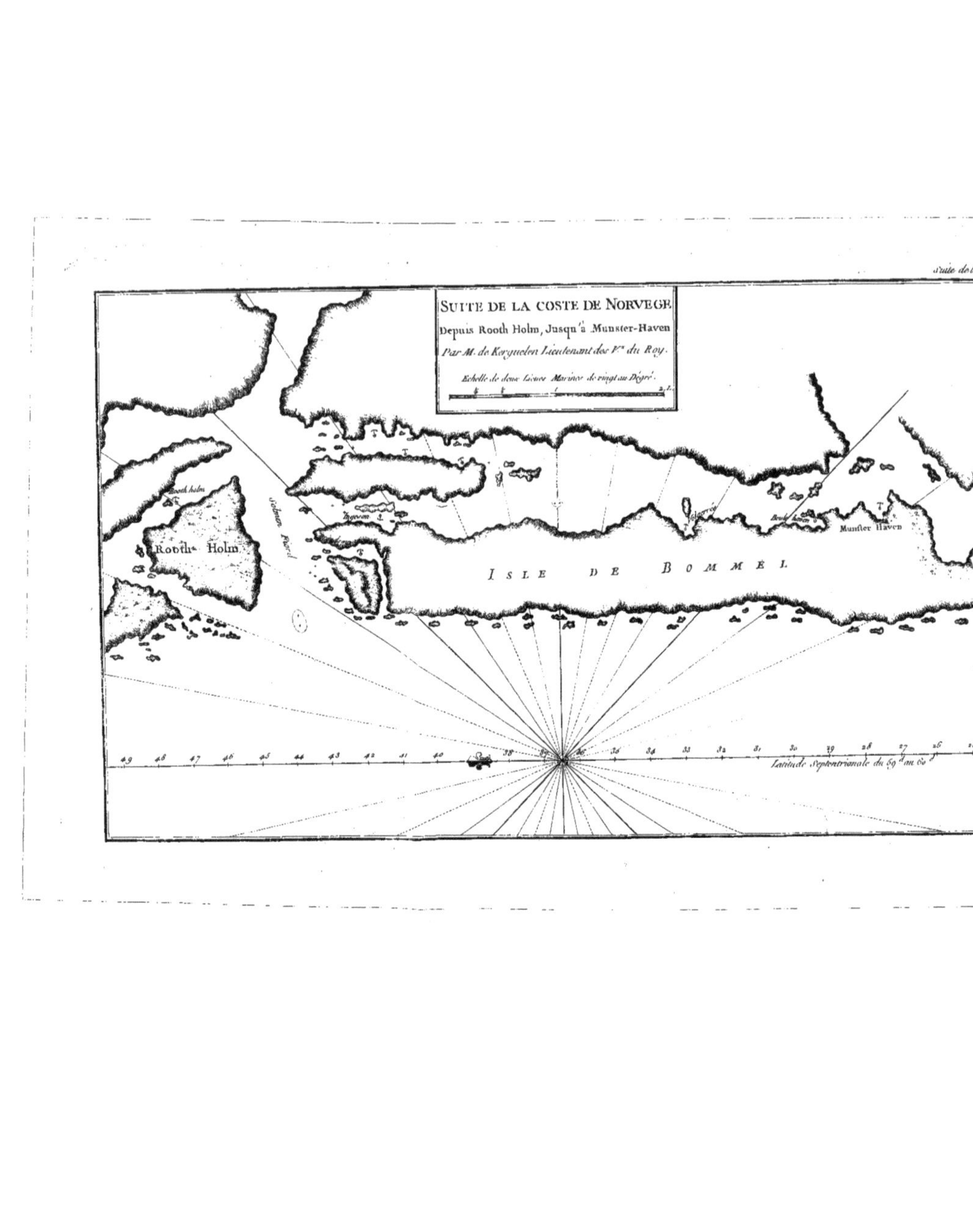
Suite de la Pl
SUITE DE LA COSTE DE NORVEGE
Depuis Rooth Holm, Jusqu'à Munster-Haven
Par M. de Kerguelen Lieutenant des Vx du Roy.
Echelle de deux Lieues Marines de vingt au Dégré.
Rooth holm
Rooth Holm
Selmen Fiord
Isle de Bommel
Munster Haven
49
48
47
46
45
44
43
42
41
40
38
36
35
34
33
32
31
30
29
28
27
26
25
Latitude Septentrionale du 59 au 60

qui fut amarré à ſtribord de l'arriere : par ce moyen le bâtiment n'évite pas, mais il eſt en ſûreté. La groſſe ancre eſt mouillée par dix-huit braſſes d'eau fond de ſable & gravier, il y a ſix braſſes d'eau ſous le bâtiment, & comme le fond monte en talus, il ne faut que quarante-cinq braſſes de cable dehors, y compris la fourrure. Le grêlin eſt amarré à terre à une groſſe roche taillée pour cet effet. Il faut avoir ſoin de le fourrer & de viſiter ſouvent le cable, car il y a des roches en pluſieurs endroits ſur le fond. La marée n'y eſt point forte. La mer y marne de huit pieds; les marées ſont de ſix heures. J'oubliois de dire qu'il faut prendre vingt-cinq braſſes de biture en venant au mouillage, il faut encore être prêt à filer du cable quand l'ancre eſt à fond, afin que le bâtiment puiſſe éviter aiſément en courant ſur ſon air. De plus, on doit avoir une autre ancre parée à mouiller promptement en cas que la premiere ne tienne pas; il eſt inutile de recommander qu'il faut venir au mouillage avec le moins d'air qu'il eſt poſſible. J'ai dit qu'on étoit bien amarré avec un grêlin de l'arriere; car, auſſitôt que le vent vient de la partie du ſud, on appareille pour monter à Bergues. Si les vents étoient du ſud-ſud-oueſt, il ſeroit prudent d'avoir un ſecond grêlin de l'arriere à bas bord à la côte de l'oueſt pour contretenir.

Précautions pour ce mouillage.

Lorſque l'on veut appareiller, on file des grêlins en virant ſur le cable, on leve l'ancre, on la caponne,

Appareillage d'Ingeson. on borde les huniers & le perroquet de fougue, on coupe ou l'on file les grêlins; on laisse ensuite un bâtiment à rames pour les lever & les porter à bord.

Le 2 & le 3, il fit calme plat. Je m'occupai à lever le plan de cette rade, ou plutôt de ce bassin. L'inspection de ce plan fera mieux comprendre tout ce

Planche VI. que je viens de dire. Voyez planche VI. A une portée de fusil de ce mouillage, on trouve, de même qu'à tous les ancrages, le long de la riviere une hôtellerie approvisionnée de viande, de poisson, d'œufs, de lait, de bierre, & de tout ce que fournit le pays.

Le 4 à neuf heures du soir, les vents de la partie du sud avec la brume, nous appareillâmes d'Ingeson pour aller à Bergues. Nous fimes environ huit lieues au-travers des roches, dont nous passions souvent très-près par une brume très-épaisse qui absorboit la foible lueur du crepuscule. Dans la route, les pilotes norvégiens me firent remarquer plusieurs mouillages stribord & bas-bord pour de grands & petits bâtimens; les mouillages, pour les gros bâtimens, sont désignés par une ancre sur ma carte des lits de Bergues.

Le 5 à quatre heures du matin, les vents étant au sud-est calme, nous mouillâmes à Behoriaven, à environ trois lieues marines de Bergues. L'ancre de stribord tomba par vingt brasses d'eau fond de sable & cailloux. Aussitôt que la frégate fit tête, j'envoyai deux grêlins sur deux organaux de fer, placés à terre pour servir à amarrer les bâtimens. Il y a des orga-

Pl. VI.

PLAN
DU PORT D'INGESON
en Norvege
Echelle de Cent vingt Toises.

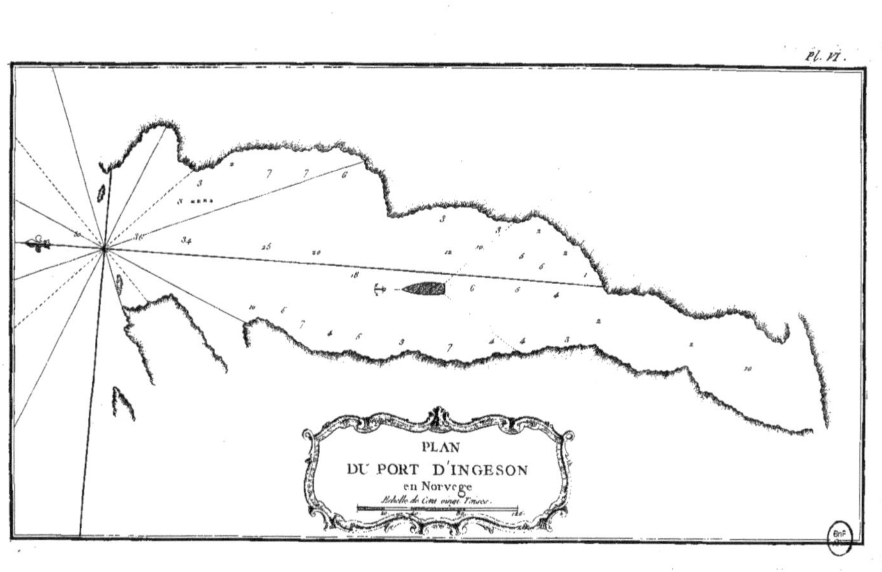

naux pareils le long des lits de Bergues dans tous les endroits où l'on peut mouiller ; car il ne faut point croire qu'il y ait mouillage par-tout, quoiqu'on soit au milieu des terres & des roches ; souvent même il est nécessaire de faire trois ou quatre lieues pour gagner un ancrage, parce qu'il n'y a pas moins de quatre-vingt à cent brasses d'eau d'un mouillage à l'autre. A deux heures après midi, les vents étant venus au sud foibles, nous appareillâmes. Etant sous voile, ils vinrent au ouest-nord-ouest & nord-ouest. J'eus bien de la peine à doubler la derniere pointe qui forme l'entrée de la baie de Bergues du côté de l'ouest, sur laquelle pointe il y a une balise pour marquer une roche sous l'eau. Au milieu de la baie, à une lieue du mouillage, nous éprouvâmes un courant très-violent qui nous empêchoit d'avancer & nous faisoit rester comme à l'ancre, ayant cependant du vent & toutes voiles dehors ; ce courant étoit formé par le jusant qui sortoit des deux baies, qui sont l'une au nord & l'autre au sud de la citadelle. Je fis armer tous les avirons de la frégate, & passer en avant les canots & chaloupes pour la remorquer. Je me tirai à force de voiles & de rames de ce courant, qui auroit pu me porter sur la côte du nord. A six heures, je mouillai par neuf brasses d'eau fond de sable, & la frégate ayant évité de bout au vent après avoir filé quarante brasses de cable, échoua sur une grande roche plate, l'unique danger qui soit à craindre dans cette rade. Il y avoit

Courant violent dans la baie de Bergues.

Mouillage à Bergues.

Roche sous l'eau.

quatorze pieds deux pouces d'eau ſur la roche, mais la frégate tiroit quatorze pieds trois pouces, & la mer devoit encore deſcendre de quatre ou cinq pouces (*a*); je fis porter auſſitôt un grêlin ſur un corps mort, qui étoit au large de mon ancre & qui ſert pour l'appareillage des bâtimens, je fis pomper mon eau & virer ſur le grêlin comme ſur le cable. Mais tous ces efforts furent inutiles. Il fallut attendre le flot qui nous releva. Cet accident ne nous ſeroit point arrivé, ſi les pilotes norvégiens avoient voulu me mouiller plus au nord, comme je leur avois demandé après avoir trouvé ſeize braſſes d'eau. Il ne nous en couta que beaucoup de peine, & par les ſoins de M. Duchâtel & de mes officiers il n'y eut aucune confuſion; ce qui eſt aſſez rare en pareille circonſtance. Quand je me vis à flot: je relevai ma groſſe ancre, & je me plaçai à l'entrée du port. Ma grande touée étoit par dix braſſes d'eau fond de ſable & gravier; mon ancre d'affourche au ſud-eſt de la premiere par ſix braſſes d'eau fond de vaſe. J'envoyai à terre un grêlin que je fis amarer ſur les pilotis du corps-de-garde, & une petite ancre au nord-eſt. Ces précautions me mettoient bien en ſûreté, mais j'étois environné de beaucoup de bâtimens marchands, & ce n'eſt pas un mouillage pour une grande frégate. Les bâtimens de guerre ont coutume de mouiller à Sanduick, ou bien

(*a*) La mer marne de ſept à huit pieds dans le port de Bergues.

ils

Ils entrent tout-à-fait dans le port où ils ſont à quatre amares ; mais lorſqu'on veut s'enfoncer ainſi dans le port, & ſe mettre en-dedans de la citadelle, il faut débarquer ſes poudres.

Pour éviter la roche ſur laquelle j'échouai, il eſt eſſentiel de prendre garde à une baliſe qui déſigne l'endroit où elle ſe trouve. Ce qui trompa mes pilotes pratiques, c'eſt que la baliſe avoit été emportée deux heures auparavant par un navire hollandois, qui avoit échoué comme moi ſur la même roche ; mais au cas qu'on ne voie point de baliſe, il faut ſe ſouvenir que la roche eſt dans le ſud-eſt, diſtance d'un demi-cable d'une bouée qui marque le corps mort d'appareillage.

Moyens d'éviter la roche.

Auſſitôt mon arrivée, j'envoyai un officier ſaluer le commandant de la ville qui réſide au château, je l'allai voir le lendemain avec mon état-major. Nous allâmes auſſi voir M. Deſcheel, grand-baillif de la ville & territoire de Bergues. Il nous combla d'honnêtetés, & nous fit toutes ſortes d'offres de ſervice. Nous ne fûmes point ſi bien reçus du peuple. Les marchands, les ouvriers & tous ceux à qui il fallut recourir pour les beſoins de la frégate nous firent un mauvais accueil. On fuyoit devant nous dans les rues, & l'on refuſoit de vendre à mon maître d'hôtel dans les marchés publiques. Nous devions cette reception à la mauvaiſe conduite de quelques officiers corſaires qui, ſous le nom & l'uniforme d'officiers de Roi qu'ils avoient eu la hardieſſe de prendre, avoient commis tant d'excès dans cette ville pendant la derniere guerre, que le grand baillif craignant qu'on ne nous inſultât, fit publier que nous étions de vrais officiers de Roi, & qu'il falloit avoir des égards pour nous. Notre façon d'agir & notre diſcipline firent voir qui nous étions. Un matelot de mon bord ayant pris une cuillier d'argent dans une auberge étant ivre, je lui fis donner trois jours de ſuite la cale; & ſi toutes les dames raſſemblées à un grand ſouper chez Madame Deſcheel ne m'avoient demandé ſa grace, la punition auroit été plus longue. Je donnai à dîner à mon bord à Madame Deſcheel & à toutes les femmes diſtinguées, à l'état-major de la place, aux officiers de la garniſon, & à tous les notables. Ce dîner qui fut ſuivi d'un bal, répandit la gaieté dans tous les quartiers de la ville, où l'on but au bruit du canon de la frégate à la ſanté des Rois de France & de Dannemarck; mais malgré cela, le peuple avoit bien de la peine à oublier qu'un François, capitaine de brûlot, ou qui ſe diſoit tel, avoit menacé de canoner la citadelle ſur le refus de quelque demande indiſcrete, & qu'on avoit plus d'une fois inſulté des perſonnes du ſexe.

Je ne puis m'empêcher de faire ici une réflexion ſur la haute idée que le public conçoit de certains intrigans, dont tout le mérite conſiſte à dire beaucoup de bien d'eux-mêmes, qui propoſent les plus grandes entreprises, parce qu'ils ne risquent que de retomber dans le néant d'où ils veulent sortir; & que nous voyons tous les jours échouer avec ignominie, quoiqu'appuyés d'une cabale ignorante & prévenue contre la marine royale. Les preuves de cette aveugle prévention ne sont que trop répandues ; on trouve jusques dans le dictionnaire de l'Encyclopédie au mot *marine* des absurdités indécentes. On y lit l'extrait d'un ouvrage intitulé, *Reflexions d'un citoyen sur la marine.* Cet ouvrage est fait par un officier, marchand de Dieppe. La qualité de cet écrivain annonce qu'il va dénigrer les officiers du roi. Il dit, « le gentilhomme » marin ne s'honore pas de son état, il dédaigne l'art » du matelot » *&c.* Je rendrai cependant justice à la solidité de ses réflexions lorsqu'il parle de la guerre & des armemens : « Le capitaine, dit-il, doit être en- » tierement maître de l'armement de son bâtiment, » *&c.* Pour faire la guerre aux Anglois, il faut atta- » quer leur commerce, se contenter de couvrir ses » possessions ; c'est précisément jouer avec le hasard » de perdre sans avoir jamais celui de gagner : c'est » au commerce anglois seul qu'il faut faire la guerre; » point de paix solide avec ce peuple sans cette poli- » tique ; que l'idée d'une guerre avec nous fasse trem- » bler le commerce d'Angleterre, voilà le point im- » portant. L'ennemi a fait dans la guerre de 1744 » des assurances considérables sur nos vaisseaux mar- » chands ; dans celle-ci peu, & à des primes très-oné-

» reuſes. Pourquoi cela ? c'eſt qu'ils ont penſé que la » guerre de terre feroit négliger notre marine, & ils » ont eu raiſon ; la marine de l'ennemi n'exiſte que » par ſa finance, & ſa finance n'a d'autres fonds que » ſon commerce : faiſons donc la guerre à ſon com- » merce, & à ſon commerce ſeul. Prenez à l'Anglois » une colonie, il menacera ; ruinez ſon commerce, » il ſe révoltera. Nous avons trois cens lieues de côtes » à garder. Ce ſoin exige une marine reſpectable, qui » eſt-ce qui défendra les côtes, des vaiſſeaux ? Abus, » abus : ce ſont des troupes de terre ; on armera cent » cinquante mille hommes pour épargner ; cependant » les riverains ſeront ravagés ; on armera cent cinquante » mille hommes, & il eſt clair que vingt-cinq vaiſſeaux » de ligne à Breſt, & quinze mille hommes ſous cette » place ſuffiſent pour arrêter tout, excepté la prédi- » lection pour les ſoldats de terre ». On voit que ce marin a des vues judicieuſes, mais il ne démontre pas avec éloquence la néceſſité d'une marine, comme le fait M. Thomas (*a*) dans l'éloge de M. Duguai

(*a*) Dans ces entretiens ſi profonds qu'il avoit avec Philippe, il parloit ſans ceſſe à ce prince de l'importance & de l'utilité de la marine. « Ah ! » s'il revivoit aujourd'hui, s'il erroit parmi nos ports & nos arſenaux, quelle » ſeroit ſa douleur ! François, s'écrieroit-il, que ſont devenus les vaiſſeaux » que j'ai commandés, ces flottes victorieuſes qui dominoient ſur l'océan ? » Mes yeux cherchent en vain : je n'apperçois que des ruines. Un triſte » ſilence regne dans vos ports. Eh quoi ! n'êtes-vous plus le même peuple ? » N'avez-vous plus les mêmes ennemis à combattre ? Allez tarir la ſource

Trouin. Cependant cet orateur, conduit par un préjugé pardonnable, attendu qu'il n'a jamais fréquenté les ports du Roi, laisse échapper aussi en faveur de la marine marchande quelques traits contre la marine royale. C'est avec le même préjugé qu'un moine a fabriqué le Journal historique d'un voyage aux isles Malouines en 1763 & 1764. L'éditeur de cet insipide journal, imprimé à Berlin en 1769, semble n'être sorti de son couvent que pour aller faire dans un autre monde une ample recolte de mensonges & d'invectives. De retour en Europe, il se plaît à répandre le venin grossier de sa plume maussade sur la marine du Roi, dans une digression qui contient autant de bévues que de phrases. *On voit*, dit l'ignare enfant de S. Benoît, *le 15 juin 1764 un navire au vent dans le nord-ouest, on vire pavillon & flamme, on met pavillon en berne, on tient le vent*, malgré ces signaux prétendus,

---

» de leurs trésors. Ignorez-vous que toutes les guerres de l'Europe ne sont » plus que des guerres de commerce, qu'on achete des armées & des victoires, & que le sang est à prix d'argent ? Les vaisseaux sont aujourd'hui » les appuis des trônes. Portez vos regards au-delà des mers : les habitans » de vos colonies vous tendent les bras. Etes-vous citoyens ? ce sont vos » freres. Etes-vous avides de richesses ? vous en trouverez dans le nouveau » monde. Vous y trouverez un bien plus précieux ; la gloire. Vous avez » versé tant de sang pour maintenir la balance de l'Europe ; l'ambition a » changé d'objet. Portez, portez cette balance sur les mers : c'est-là qu'il » faut établir l'équilibre du pouvoir. Si un seul peuple y domine, il sera » tyran, & vous serez esclaves. Il faudra que vous achetiez de lui les alimens de votre luxe, dont vos malheurs ne vous guériront pas, &c ».

le navire continue ſa route. Ce docte cénobite croit qu'un bâtiment qui fait une pareille manœuvre ne peut être que François. Là-deſſus ſa bile s'enflamme, *ſon amour pour le bien public & pour celui de ſa patrie* lui dicte une diatribe violente contre une marine qu'il devroit reſpecter ; mais dans quelle regle ce moine a-t-il vu que, par amour pour ſa patrie, il falloit dire en idiôme patagon que *la liberté des rouges* (a) *faiſoit la ſervitude des bleus*, que *la marine royale a des préjugés qui l'élevent au-deſſus du métier des marins, & croit qu'il n'eſt plus beſoin de l'exercer pour l'apprendre*, &c ? Si cet écrivailleur avoit lu les ordonnances de la marine, il ſauroit qu'il y a des écoles établies pour l'inſtruction des jeunes gens ; s'il avoit été dans les ports du Roi, il auroit vu que les officiers s'y appliquent à la théorie, & qu'ils cherchent avec empreſſement les occaſions d'y joindre la pratique ; s'il s'étoit donné la peine de faire quelques informations, il auroit appris que, pour être reçu capitaine marchand, il faut avoir fait deux campagnes ſur les vaiſſeaux du Roi, & avoir rapporté des certificats favorables des commandans ; ce qui ſuppoſe qu'on ne peut prendre que ſur ces vaiſſeaux une parfaite connoiſſance de la ſubordination & du ſervice de mer, & que les officiers de la marine ſont les véritables juges des officiers marchands ; s'il avoit navigué ſur des bâtimens comman-

(a) C'eſt ainſi qu'il appelle les officiers de la marine du Roi.

dés par de vrais officiers du Roi, il n'eût pas dit que *tout navire de la nation est obligé d'amener, quand un navire du Roi lui signifie de ce faire, par un coup de canon & par la flamme virée au mât où elle doit être, suivant le grade de celui qui commande le vaisseau du Roi*, il eût su que la flamme se hisse & ne se vire pas (*a*), & qu'un navire marchand n'est point obligé d'amener (*b*) quand il rencontre un vaisseau de guerre de sa nation, mais de se ranger sous son pavillon pour recevoir les ordres du commandant. S'il avoit vécu dans un port, il auroit appris peut-être la langue d'un métier qu'il faut savoir avant que d'en donner des leçons. Il auroit vu quel respect on a pour la mémoire des Barts, des Duguai Trouins, des Cassards : tous ces grands hommes avoient des titres pour entrer dans la marine du Roi ; ils avoient rendu des combats fameux ; ils avoient fait des manœuvres brillantes ; ils avoient pris des vaisseaux de guerre ennemis ; qu'on se présente après des actions si éclatantes, & l'on sera certainement reçu avec autant d'empressement que de distinction. Quoique les officiers de la marine royale soient au-dessus de ces traits injurieux qui n'ont aucun effet lorsqu'ils sont lancés par des mains aussi foibles que celles du voyageur aux isles Ma-

(*a*) Le mot *virer* emporte l'idée d'un mouvement circulaire, comme, par exemple, autour d'un cabestan.

(*b*) Le mot *amener*, quand il est seul, signifie se rendre à l'ennemi.

louines, je n'ai pas été le maître du premier mouvement d'indignation que m'a fait éprouver la lecture du journal fastidieux de ce moine errant. Je reprends le fil de ma relation.

Pendant le séjour que j'ai fait à Bergues, j'ai sondé & fait sonder le port, la rade & les environs de la ville. J'ai déterminé à-peu-près les points principaux de la baie que j'ai rapportés au plan figuré que j'ai tracé. Je joins ici ce plan, voyez planche VII. J'en donnerai le détail plus bas, je crois devoir parler auparavant de la ville & du territoire de Bergues. Je dirai même quelque chose du Dannemarck, de la Norvege, des Lapons, des Samojedes, & autres peuples au Nord de ce second royaume qui sont très-peu connus, & sur lesquels on a débité bien de fables. Comme je me suis adressé à des personnes instruites qui ont voyagé chez ces peuples, & que j'ai puisé dans les sources primitives, je me flatte qu'on me saura gré de mes recherches.

Planche VII.

Description de la ville de Bergues.

La ville de Bergues ou Bergen, autrefois Biorginn, capitale du diocèse de ce nom, est la plus grande & la plus considérable ville marchande de Norvege; elle est placée au fond d'une vallée entourée & défendue par sept grosses montagnes. Ses fortifications du côté de la mer ne méritent point qu'on en fasse mention. Il y avoit autrefois à Bergues trente églises ou couvens; mais on n'y voit aujourd'hui que quatre églises paroissiales, dont trois danoises & une allemande,

mande. Les églifes font bâties en pierres, ainfi que les maifons des nobles, des confuls & des principaux négocians. L'édifice le plus remarquable eft l'hôtel de la douane, bâti à l'entrée du port. Il y a une école latine, fondée & dotée en 1554 par l'évêque Pierre. Les revenus en ont été augmentés par le roi Frédéric II. & fes fucceffeurs. Elle entretient aujourd'hui douze étudians, auxquels on enfeigne la Philofophie, les Mathématiques, l'Hiftoire & la Langue Françoife. L'école de marine étoit autrefois affez nombreufe; mais elle eft tombée en décadence.

Bergues avoit autrefois le droit de battre monnoie, elle l'a eu jufqu'en 1575. On conferve encore au cabinet des médailles à Copenhague une monnoie qui y a été fabriquée fous le roi Eric. La ville a été bâtie en 1070 & 1071. Il s'y eft tenu plufieurs conciles. Comme la plus grande partie des maifons de Bergues font bâties en bois, cette ville a fouvent été la proie des flammes; elle fut brûlée en 1248, onze églifes furent réduites en cendres; le même malheur lui arriva en 1472, en 1623, en 1640, en 1702 & en 1756; dans ce dernier incendie, mille fix cens maifons furent confumées. La ville eft très-étendue, les rues ne font point alignées, & font pavées fans ordre en groffes pierres de mefure inégale, mais elles font très-propres. Les maifons, quoique bâties en bois, donnent le coup-d'œil le plus riant, par la diverfité des couleurs dont elles font peintes. Elles font fur-tout jolies dans l'intérieur ; on n'y voit ni or ni argent, mais elles sont meublées avec la plus agréable simplicité.

Dénombrement des habitans.

La ville de Bergues peut compter trois mille maisons, & plus de vingt mille ames ; il y vient annuellement des habitans de Hambourg, de Breme & de Lubeck, s'y établir pour le commerce du poisson.

Religion.

La Religion qu'on professe est la Confession d'Ausbourg, ou le Luthérianisme, connu en Allemagne sous le nom de Religion évangélique ; c'est celle du prince & la dominante dans toutes les possessions du roi de Dannemarck ; mais toutes les autres Religions sont tolérées (néanmoins sans culte public), pourvu qu'elles ne troublent point l'Etat. Tout habitant, de quelque condition & de religion qu'il soit, est protégé sans aucune différence par le gouvernement, personne n'est inquiété par rapport à sa conscience.

Mœurs.

Quant aux mœurs des habitans de la ville de Bergues, il est difficile de satisfaire le lecteur sur cet article, car c'est un composé de différentes nations ; beaucoup d'Allemands & d'Ecossois y sont venus successivement s'établir, & se sont alliés avec les naturels du pays ; les hommes sont la plûpart forts & robustes, peu polis, quoiqu'assez affables aux étrangers par vue d'intérêt. Il n'y a point de noblesse à Bergues, tous les habitans sont négocians, & font le commerce en gros ou en détail. Il y a cependant quelques familles distinguées, mais en petit nombre.

Les femmes ſont en général laborieuſes, elles s'occupent de leur ménage & de leur commerce; elles ne donnent point dans le luxe; elles reçoivent volontiers les étrangers qu'elles aiment beaucoup; elles font ſur-tout bon accueil aux François, mais les maris ſont très-jaloux de ces derniers; les Norvégiennes ſont belles, mais elles n'ont pas beaucoup d'éducation. Il regne plus de politeſſe dans les autres villes de Norvege; mais dans tout ce pays, les hommes ont plus de goût pour le plaiſir de la table que pour celui de l'amour. Ils aiment les liqueurs fortes, & ſont grands fumeurs de tabac. Ils s'aſſemblent entr'eux, & préferent leur *eſtaminet* à la ſociété des dames; ce qui porte celles-ci à s'en dédommager ſans myſtere avec les étrangers plus aimables & plus galans.

La garniſon de Bergues eſt compoſée d'un bataillon de troupes réglées, d'une compagnie franche de cent cinquante hommes, & d'un petit détachement d'artillerie, ce qui fait environ ſix cens hommes. Garniſon.

Le commerce de la ville de Bergues conſiſte en toutes ſortes de poiſſons, en marchandiſes graſſes, en peaux & en bois. Ces denrées viennent des provinces ſeptentrionales de Bergues. Le port eſt bon & ſûr, & peut contenir un grand nombre de bâtimens de toute grandeur. Ce port a encore l'avantage de ne jamais geler, & d'être navigable en tout tems. Les habitans de Bergues ont environ quatre-vingt Commerce.

bâtimens qu'ils emploient au commerce du dehors, & avec lesquels ils trafiquent dans l'Océan, dans la Méditerannée, dans la mer du Nord & dans la Baltique. Il vient en outre à Bergues tous les ans plus de mille navires de différentes nations chargés de sel, de grains, de farines, d'eau-de-vie, & autres denrées. Les habitans de Bergues envoyent aussi plusieurs vaisseaux en Groënland, pour y faire la pêche du loup ou chien marin, dont le lard sert à faire des huiles très-estimées pour les lampes. Il se fait à Bergues un très grand trafic de grains de toute espece, parce que la terre de tout ce bailliage est ingrate & peu cultivée. Ses habitans, sur-tout ceux de la côte, sont presque pêcheurs. Ils sont obligés de tirer les grains nécessaires à leur subsistance des magasins de la ville, qui sont abondamment pourvus par le moyen de la navigation. Tous les habitans du nord de Bergues y viennent de plus de trois cens lieues faire leur provision de bleds & d'autres denrées qu'ils ne trouvent pas aussi facilement à Dronthem. Enfin la ville de Bergues est le grenier de toute la Norvege. La riviere de Bergues, & toutes les côtes de ce gouvernement, sont très-poissonneuses. Les pêches les plus considérables & les plus avantageuses sont celles de la morue & du hareng. Ces pêches sont les mines d'or du pays; c'est de leur produit que les navires danois & étrangers font leur chargement pour toutes les parties de l'Europe. Le poisson sec ou stockfisch que l'on prépare à Bergues, est fort estimé dans les ports d'Espagne, d'Italie, de Hollande, de Flandre, & même d'Angleterre. Ce poisson s'exporte aussi dans la mer Baltique, ainsi que la morue seche, & en tonneaux, que les Norvégiens font passer dans toute l'Europe. On charge aussi à Bergues une quantité prodigieuse d'huile de poisson, de peaux de bouc & de mouton, de suif, de goudron & de planches.

Il me reste à parler du commerce de la rogue, dont on fait une grande consommation en Bretagne. La rogue est un amas d'œufs de morue ; c'est un appas absolument nécessaire pour la pêche de la sardine. La pêche de morue, pour en retirer la rogue ou les œufs, se fait sur les côtes de Norvege, depuis le mois de janvier jusqu'à la mi-avril. On prend des morues dans les autres saisons ; mais on ne lui trouve des œufs que dans cette premiere pêche. On commence à pêcher la morue avec sa rogue au mois de janvier, sur la côte de Nordland & de Finnemarck, à plus de cent lieues dans le Nord de Bergues. Le poisson descend successivement le long des côtes, en prenant toujours vers le sud jusqu'à la ville de Bergues, & environ trente lieues encore plus sud du côté de Schutness, où cette pêche finit à la fin d'avril ; parce qu'alors la morue s'éloigne de terre, & gagne la pleine mer pour pondre ses œufs. Cette pêche ne se fait devant Bergues qu'à la fin de mars. Les pêcheurs norvégiens ne font ladite pêche que dans les endroits fermés. Ils

Commerce de la rogue.

ſe ſervent de petits bateaux, qui peuvent porter ſix ou huit tonneaux. Ils ont à terre de petits magaſins conſtruits en bois, où, après avoir ouvert les morues & en avoir retiré la rogue, ils la ſalent en pyramides, & la tranſportent à Bergues lorſque la pêche eſt finie vers la fin d'Avril. Les négocians de Bergues achetent enſuite cette rogue des pêcheurs & la font mettre en tonnes. Cette pêche eſt rarement conſidérable dans le bailliage ou gouvernement de Bergues, quoiqu'il ait ſoixante-dix lieues d'étendue ; & c'eſt beaucoup quand on y prend quatre mille barils ou tonnes de rogue : mais la grande pêche ſe fait ſur les côtes de Nordland, où les mers ſont plus poiſſonneuſes que partout ailleurs. Les habitans de ces contrées ſeptentrionales apportent à Bergues, le port de Norvege le plus conſidérable & le plus fréquenté par les étrangers, tout le produit de leur pêche, poiſſon & rogue ſur des bateaux depuis cent juſqu'à deux cens tonneaux. Les glaces & les tempêtes ne permettent pas à ces bateaux de naviguer & d'arriver avant le mois de mai, ainſi il n'eſt pas poſſible de fixer avant ce tems le prix de la rogue. On trouve dans les magaſins de Bergues, au commencement de juin dans les années communes, quinze ou ſeize mille tonnes de rogues, & trente mille tonnes dans les années d'abondance. Le prix du baril de rogue, dans les années communes, eſt de 3 à 4 rixdales ou 14 à 18 livres de notre monnoie, & dans les bonnes années le baril ſe donne pour 2 rixdales ou 9 livres de France. On l'a même vu donner pour une rixdale ou 4 liv. 10 sols; mais en 1767 & 1768, le prix de la rogue étoit excessif. Les plus anciens ne l'avoient jamais vu porter si haut. Le prix de la tonne étoit de 5 à 6 rixdales : ce prix qui n'avoit point d'exemple, étoit l'effet de la grande concurrence des acheteurs ; il seroit à souhaiter, pour le bien de la Bretagne, qu'une seule compagnie eût le privilege de vendre de la rogue aux pêcheurs de sardines sur les côtes de cette province. Le baril de rogue est de quinze à seize veltes, ou une demi-barrique de Bordeaux ; il y a des jaugeurs jurés pour les faire bien pacquer & remplir. Il faut treize de ces barils pour faire un last ou deux tonneaux de France en port : il n'est question d'aucun poids. Le fret que l'on doit payer à Brest ou autre port de Bretagne, est d'environ trente livres pour chaque last de treize barils, avec dix pour cent d'avarie ordinairement pris sur le montant du fret. Les droits qui sont peu de chose, & tous les frais ensemble ne montent point à 15 sols de France par baril. Voilà tous les éclaircissemens qu'il est possible de donner concernant le commerce de Bergues & de la Norvege.

Je donnerai maintenant une idée des manufactures & des branches du commerce extérieur établies dans la Norvege ; je ferai connoître en même tems sa forme d'administration, mais comme elle est liée avec celle du Dannemarck, & que des compagnies privilégiées, formées à Copenhague, dirigent le commerce que ces deux royaumes font au-dehors, j'entrerai dans quelques détails sur la forme du gouvernement & sur les forces des Danois.

Gouvernement de Dannemarck.

Le gouvernement est despotique, mais doux & tempéré par sa constitution solide & constante. Les provinces sont regies par des baillifs chargés de la manutention des loix, de l'inspection sur les revenus du prince, & de la protection spéciale des paysans. Ils n'ont de jurisdiction sur les sujets du Roi que dans les affaires matrimoniales, & dans toutes les autres ils ne peuvent être que médiateurs : ils ne sauroient fermer l'accès au trône, ni même écarter des tribunaux supérieurs ceux qui auroient des plaintes à porter contre eux, ce qui met bien de la douceur dans le gouvernement des provinces. Le Roi est l'ame de toute la justice, il se réserve l'approbation de tous les jugemens. On n'en peut exécuter aucun qui ne soit signé de sa main, s'il tend à ôter la vie ou à flétrir l'honneur d'un citoyen. Voici une loi importante, qui prouve la sagesse du législateur ; elle se trouve au chapitre xix. livre premier du code danois : « Tout » homme accusé en justice d'un crime quelconque » pourra, en donnant caution, venir à la cour, & » s'en retourner librement, & jouir de toute la li» berté nécessaire pour se défendre ».

J'ai déja dit que la Religion luthérienne étoit la seule autorisée par les loix, mais que toutes les autres étoient

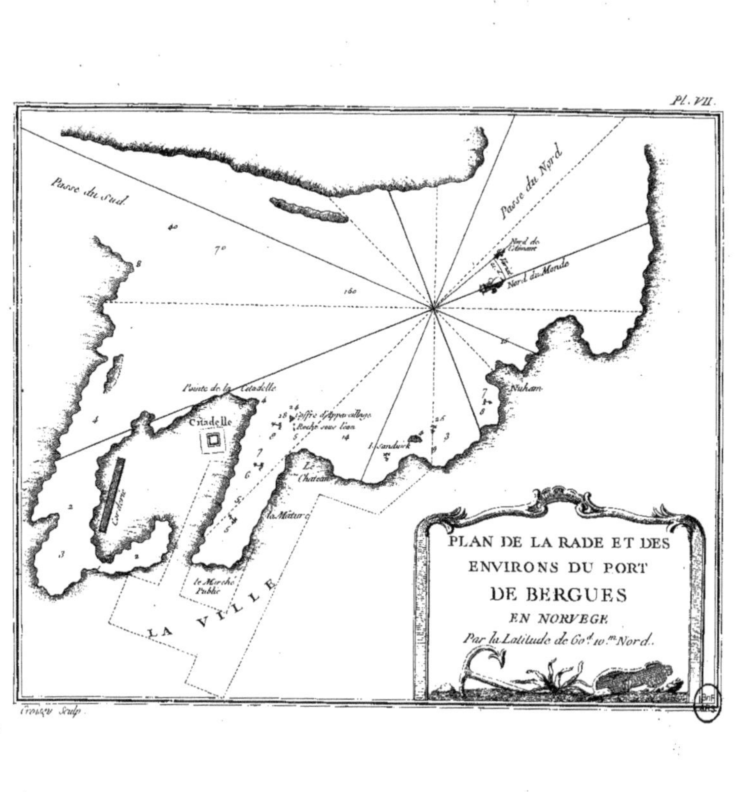
Pl. VII.
Passe du Sud
Passe du Nord
Nord de l'Aimant
Nord du Monde
Pointe de la Citadelle
Citadelle
Corderie
Coffre d'Appareillage
Roche sous l'eau
I. Sandwik
Nuham
Le Chateau
la Mâture
le Marché Public
LA VILLE
PLAN DE LA RADE ET DES ENVIRONS DU PORT DE BERGUES EN NORVEGE
Par la Latitude de 60.d 10.m Nord.

étoient tolérées. Le Roi exerce, comme tous les princes proteſtans, le droit de ſuprématie dans ſes royaumes : il prononce en dernier reſſort ſur tout ce qui eſt relatif au gouvernement de l'Egliſe, & à la forme du culte extérieur. L'autorité des évêques, reſtrainte au ſpirituel, ne s'étend qu'à conférer les ordres ſacrés, & à contenir les prêtres dans le devoir, ils n'ont aucune juriſdiction temporelle ni d'autres droits que ceux qui leur ſont néceſſaires pour conſerver l'ordre & la décence dans l'Egliſe.

Les Danois & les Norvégiens aiment leur Roi ; mais les premiers ont plus d'éducation & des mœurs plus douces. C'eſt le fruit d'une cenſure qui s'exerce dans les villes de Dannemarck par des perſonnes choiſies par le magiſtrat pour veiller à l'éducation des enfans, & à l'adminiſtration des biens des pupilles (*a*) ; ils peuvent diſpoſer de leur propre autorité des enfans négligés par leurs parens, & les appliquer à quelque profeſſion. La loi leur permet de ſe rembourſer même par la voie de l'exécution des ſommes qu'ils ont avancées pour les enfans ; & ſi la famille eſt dans l'indigence, les maiſons de charité doivent faire ce rembourſement. Les mêmes perſonnes ſont obligées de veiller ſur les biens des mineurs, & de s'en faire rendre un compte exact ; & pour mettre les pupilles en ſûreté, la loi ordonne à ceux qui demeurent dans

(*a*) Code danois, liv. III. chap. xviij.

une maiſon ou dans le voiſinage d'une maiſon où il meurt un pere laiſſant des enfans mineurs, de déclarer au plutôt cette mort au magiſtrat, ſous peine d'une forte amende.

Compagnies de commerce.

A l'égard du commerce extérieur des Danois, Chrétien IV. fut le premier de leurs rois qui établit dans ſes états une compagnie de commerce aux Indes orientales. Chrétien V. lui donna une nouvelle forme, & lui accorda un octroi le 28 de Novembre 1670 : elle tomba ſous Frédéric IV. qui fit de grands efforts pour la ſoutenir. Chrétien VI. la releva en 1732 : c'eſt l'époque de l'établiſſement de celle qui ſubſiſte aujourd'hui.

La compagnie d'aſſûrance s'eſt formée en 1727; chaque action eſt de mille écus.

La banque, qu'on doit regarder comme l'ame du commerce danois, doit ſon exiſtence à une compagnie qui a rendu par cet établiſſement un grand ſervice aux deux royaumes de Dannemarck & de Norvege.

La compagnie d'Afrique a été établie en 1755, pour continuer un commerce que quelques particuliers avoient commencé. Son octroi, dont la durée eſt de quarante ans, porte un privilege excluſif de commercer depuis le 36e degré juſqu'au 22e degré de latitude. Juſqu'à préſent c'eſt dans les ports de Saffy, de Salé & de Sainte-Croix qu'elle a ſur-tout trafiqué, elle en tire des laines, des cuivres, de la cire & des cuirs. Elle y porte des toiles, des draps, des épiceries, & autres denrées que l'Europe fournit à l'Afrique. Cette même compagnie envoie aux isles de l'Amérique, qui sont Saint-Thomas, Saint-Jean & Sainte-Croix. Cette compagnie est composée de cinq cens actions, & les actions sont de cinq cens écus.

J'ai parlé plus haut de la Compagnie qui fait exclusivement le commerce de l'Islande. Il me reste à dire un mot des manufactures. Frédéric V. n'a rien négligé pour en établir & dans le Dannemarck & dans la Norvege. On y fait des toiles à voile, de la toile ordinaire, de la batiste, du papier, du tabac, des étoffes, du sucre raffiné, des fayances, des porcelaines, de l'alun, du savon. On fabrique à Copenhague des dentelles, des galons d'or & d'argent, toute sorte d'ouvrage d'orfevrerie, des armes, des fusils pour l'armée, des draps & des étoffes de soie, des tapis peints & imprimés, des bas tricotés au métier, des chapeaux & des velours. L'industrie dans la préparation des cuirs fait des progrès sensibles. Les gants de Rander & d'Odensée sont renommés, enfin les manufactures s'augmentent & se perfectionnent tous les jours : on fait des prohibitions rigoureuses des marchandises étrangeres, à mesure qu'on peut s'en passer. Manufactures.

Il y a en Seelande & en Norvege des fonderies de canon de fer & de fonte. Voici l'état des troupes de terre du Dannemarck, suivant le réglement fait en 1763.

Etat des troupes de terre.

Gardes à pied & à cheval,........	704 hommes.
Cuiraffiers,....................	4380.
Dragons,........................	2920.
Huffards,.......................	600.
Infanterie,.....................	20020.
Artillerie,.....................	1158.
Ingénieurs,.....................	31.
Total,	29813 hommes.

Il y a outre cela, tant en Dannemarck qu'en Norvege, plus de trente mille hommes de troupes nationales, parmi lefquels on diftingue un corps de patineurs au nombre de fix cens, qui eft très-redoutable. Ce font des hommes qui, par le moyen d'une efpece particuliere de patins, courent fur la glace & la neige avec un vîteffe incroyable.

Etat de la Marine.

Le roi de Dannemarck avoit en 1763 vingt-fix vaiffeaux de guerre, depuis quarante jufqu'à quatre-vingt-dix canons, & fept à huit frégates. Les matelots deftinés au fervice de la marine font de deux ordres. Ceux qui habitent les côtes font claffés, & leur nombre eft d'environ vingt-cinq mille hommes. Ces hommes claffés fervent au Roi dans les armemens extraordinaires, & prefque toujours aux particuliers. Le fecond ordre, qui eft plus particulierement attaché à la marine royale, eft compofé de quatre divifions : chaque divifion a fon chef, & dix compagnies de cent dix-huit hommes. Les compagnies ſont commandées par des capitaines de vaiſſeaux qui, ſous eux, ont deux officiers ſubalternes. C'eſt à l'inſtar de ce corps qu'on a formé en France, à la fin de la guerre, ſeize compagnies de ſoldats-matelots ſous le nom de régiment de Dunkerque. Ce ſecond ordre de matelots eſt de quatre mille ſept cens vingt hommes. Il fournit aux équipages des vaiſſeaux pour les beſoins ordinaires, & donne des ouvriers dans les atteliers & chantiers; il y a une commiſſion établie en 1739, chargée de diriger la conſtruction; elle eſt compoſée de trois capitaines de vaiſſeaux & de trois conſtructeurs. Par cet établiſſement ſage, il n'eſt conſtruit aucun bâtiment dont le plan n'ait été calculé, & l'on n'en conſtruit point contre les deſirs de la mer & les cris des officiers expérimentés qu'on a vu pluſieurs fois en France, occupés pendant toute une campagne à corriger les fautes d'un conſtructeur.

Pepiniere d'officiers.

Il y a une compagnie de cadets, logée à Copenhague dans un grand édifice, que Frédéric IV. fit élever en 1701. Cette compagnie forme la pepiniere des officiers comme celle des gardes la marine en France. Le directeur de la navigation leur enſeigne cet art, & la Géométrie; un officier d'artillerie leur en donne des leçons. Ils ont des maîtres particuliers d'Arithmétique, de Géographie, d'Hiſtoire, de Langue françoiſe & angloiſe, de Deſſin, de Danſe &

d'Escrime. Le premier constructeur leur montre la construction. Pour joindre la pratique à la théorie, on leur fait monter tous les ans une frégate, où successivement ils font le service de matelots, de pilotes & d'officiers. Le département de la marine est dirigé par un conseil, sous le nom de *College combiné de l'amirauté & du commissariat général ;* il est composé de trois officiers civils, dont le premier est secrétaire d'état, & chef du département, & de quatre officiers-généraux qui portent pavillon.

J'ai oublié de dire que le département de la guerre est ordinairement confié à un officier-général qui, dès qu'il parvient à cette dignité, renonce au commandement. C'est à lui qu'on adresse tous les mémoires concernant l'avancement des officiers, l'administration de la justice & le maintien de la discipline. C'est ce ministre qui signifie les ordres de Sa Majesté. Il y a un département particulier, appellé *Commissariat général de la guerre*, composé de six personnes, dont le ministre est le chef, pour examiner tout ce qui a rapport au payement & à l'habillement des troupes, à l'approvisionnement & au détail des places.

Je terminerai cet article par le dénombrement des villes & des habitans des royaumes de Dannemarck & de Norvege. Il y a dans le royaume de Dannemarck soixante-huit villes, vingt-deux bourgs, cinq cens quatre-vingt-trois biens nobles, seize baronnies & quinze seigneuries. Il est né en 1766 dans le Dan-

Dénombrement des villes & des habitans.

nemarck & le Slefwick trente-trois mille deux cens cinquante-neuf enfans, & il eft mort vingt-neuf mille neuf cens cinquante-neuf perfonnes : d'où l'on peut conclure avec vraifemblance que le nombre des habitans dans tout le royaume de Dannemarck peut être porté à environ un million d'ames.

Il n'y a que dix-huit villes dans toute la Norvege. En 1766, il y eft né vingt-deux mille trois cens foixante-dix enfans, & il eft mort vingt mille dix perfonnes : ce qui fait préfumer que la Norvege renferme environ fept cens mille ames.

Au fujet de la rogue, je n'ai fait qu'indiquer les habitans de Nordland & de Finemarck, il eft bon de les faire connoître un peu plus particulierement. Nordland & Finemarck font deux bailliages au nord de Dronthem, qui n'eft que la feconde ville de Norvege pour le commerce, quoiqu'elle foit regardée comme capitale. Dronthem étoit autrefois la réfidence des rois de Norvege; fon port eft très-bon, & offre, après Bergues, le plus de reffources dans les mers du Nord. Le bailliage de Nordland s'étend depuis le Nummedal jufqu'en Finnemarck; il comprend la prévôté de Helgeland, autrefois *Halogia*; *Ramus* s'efforce de prouver que ce pays eft l'Ogigie d'*Homere*, & *Ulyffe* le dieu *Outin* : il s'enfuivroit que cette province auroit été habitée immédiatement après le fiege de Troie. Elle fournit des marchandifes graffes & du poiffon. On y trouve de bons pâ- Nordland.

turages & de grandes forêts. Sur les limites de cette prévôté eſt une montagne qui a ſept pointes très-élevées, & qu'on voit de vingt lieues en mer. Les habitans s'occupent ſur-tout de la pêche, ainſi que ceux de Finemarck. On diſtingue Finemarck orientale & Finemarck occidentale. La premiere partie comprend, à l'extrémité de la terre-ferme vers le Nord, la montagne appellée Nord-Kin, diſtante de dix milles danois du cap de Nord; elle comprend auſſi l'iſle de Wardoë, ſituée à un tiers de lieue de France de la terre-ferme; près d'un port de cette iſle eſt le bourg de Wardoëhuus, qui eſt la derniere forterеſſe du monde du côté du Nord. La ſeconde partie de Finemarck ou l'occidentale comprend l'iſle de Mageroë, dans laquelle eſt la montagne la plus ſeptentrionale de l'Europe, appellée *Cap-Nord.* Sur toutes ces côtes on trouve des ports ou des mouillages excellens. Il ſemble que la Nature ait pris plaiſir à former les retraites les plus ſûres pour des vaiſſeaux dans les endroits les plus affreux du monde, & ſous le ciel le plus rigoureux; tel bâtiment qui aura été battu par la tempête, & qui, preſſé par quelque beſoin, ſera forcé d'aborder ces côtes, y trouvera toujours un aſyle quelque tems qu'il faſſe. Il faut prévenir le lecteur que les pêcheurs de la côte ſont tous pilotes, qu'ils viennent à deux lieues en mer, quelque gros vent qu'il y ait, chercher les navires pour les piloter. Il faut ſavoir auſſi que, quoique ces côtes préſentent l'aſpect

Finemarck.

page 113. planche B

Ch. Eisen del. le Mire direxit

Combat d'un habitant de finemarck contre un ours.

l'aspect le plus effroyable, elles ne sont point aussi dangereuses qu'elles le paroissent, parce que tous les dangers sont sur l'eau, & qu'on peut passer par-tout où la mer ne brise pas. Ce que je dis des côtes & des habitans de Nordland ou Finemarck, peut se dire des côtes & des nations circonvoisines qui font toutes le commerce de suif, de beurre, d'huile, de poisson & de bois; elles ont la même façon de vivre, & ne sont point aussi lâches que quelques historiens l'ont rapporté. Au contraire toutes ces nations sont braves; on voit souvent des habitans de ces contrées attendre de pied ferme des ours affamés qui viennent fondre sur eux: il y en a même qui n'ayant d'autre arme qu'un couteau vont à la chasse de ces animaux, au risque d'être égorgés & déchirés, comme cela arrive souvent. J'ai fait graver, d'après un relief qui m'a été donné par le grand baillif de Bergues, un combat de cette espece d'un homme contre un ours. Voyez planche *B*. Planche B.

On ne manque pas de relations détaillées sur les Lapons & les Samoïedes, mais elles s'accordent si peu, que le lecteur ne sait à quoi s'en tenir; elles sont d'ailleurs mêlées d'un si grand nombre de fables puériles, que je crois rendre service au public en le désabusant de tout ce qu'on a jusqu'ici rapporté de faux, & même de douteux sur ces peuples sauvages. Les particularités qu'on va lire m'ont été confirmées par un savant qui a fait plusieurs voyages à Archangel, & Lapons & Samoïedes.

qui m'a traduit en latin toutes les obſervations qu'il a écrites en allemand. Rien n'eſt ſi important pour l'Hiſtoire naturelle du genre humain, que d'avoir des notions préciſes de ces nations boréales, auxquels on reconnoît encore des traits originaux de l'homme dans ſon état primitif & naturel, afin de pouvoir calculer les progrès de l'éducation, & apprécier les fruits de la ſociété.

Pluſieurs Journaux de voyages faits en Ruſſie, & ſur-tout des Obſervations publiées à Saint-Peterſbourg en 1732 ſur les Samoïedes, placent les premiers établiſſemens de ces peuples aux environs d'Archangel. Il eſt au contraire très-certain qu'on n'en trouve qu'à trois cens werſtes de cette ville (*a*); ce qui a accrédité cette erreur, c'eſt qu'on a vu quelquefois des Samoyedes venir porter des huiles de poiſſon & autres marchandiſes à Archangel pour le compte de quelques marchands qui ont ſoin de les entretenir, ainſi que leurs rennes : c'eſt ce qui a auſſi engagé des auteurs à écrire que c'eſt par les Lapons & les Samoïedes, habitans des côtes de la mer Blanche, que ſe fait la pêche des loups marins & des vaches marines, dont on tire l'huile. Cette aſſertion eſt dépourvue de vérité. Il n'y a que les Ruſſes qui faſſent cette pêche pénible & dangereuſe, ni les Lapons, ni les Samoïedes n'ont jamais habité les bords de la mer Blanche.

(*a*) Cent werſtes ſont un degré de l'équateur.

Leurs premieres habitations, qui ne font guères fixes, ne se trouvent que dans le district de Mezene au-delà du fleuve de ce nom. Cette colonie est de trois cens familles, qui toutes descendent de deux tribus différentes, dont l'une s'appelle *Laghe* & l'autre *Wanouta*, distinction qu'ils observent exactement entr'eux. Cette colonie porte le nom d'*Objondire* ; une autre qui en est voisine près de *Petzora*, celui de *Tihijondire* ; & celle des environs de *Poustozer*, vis-à-vis du détroit de *Waigatz*, appellée communément *Gougorskoi*, se donne elle-même le nom de *Guaritzi*. Cette nation sauvage occupe l'étendue de plus de trente degrés le long des côtes septentrionales de l'Océan & de la mer Glaciale, entre les 66e & les 70e degrés de latitude nord, & à compter depuis la riviere de Mezene, tirant vers l'orient au-delà de l'Oby jusqu'à celle de Guenisée. Tous ces Samoïedes, quoique dispersés dans une si grande étendue & partagés en différentes familles, ont sans contredit une origine commune, comme le prouve la conformité de leur physionomie, de leurs mœurs, de leur maniere de vivre & de leur langage.

De l'autre côté de la mer blanche, les Lapons habitent une très-grande étendüe de pays depuis Kandalax jusqu'à Kola, & depuis les frontières de la Laponie Suedoise & Danoise, jusqu'au détroit de la mer Blanche ; ils occupent plus d'un millier de werstes. Cependant toute cette vaste étendüe de pays n'est peuplée que par environ douze cens familles laponnes. Je n'ai réuni dans ce recit les Samoïedes & les Lapons, que pour désigner au juste la situation du pays qu'ils occupent. Je suis d'ailleurs très-éloigné de croire comme plusieurs, que ces deux peuples ne font qu'une même nation. La personne qui m'a instruit de ces particularités m'a bien assuré le contraire, & m'a même ajoûté que M. de *Buffon* s'est trompé lorsqu'il a dit dans son *Histoire Naturelle* que les Lapons, les Zembliens, les Borandiens, les Samoïedes, & tous les Tartares du Nord étoient des peuples qui descendoient d'une même race. Sur quoi il m'a fait d'abord remarquer que M. de *Buffon* parloit d'un peuple imaginaire en parlant des Zembliens, puisqu'il est très-connu que ce pays que l'on nomme *nova-zembla*, n'avoit point d'habitans, & qu'on avoit certainement pris pour des naturels du pays, les gens de l'équipage de quelque bâtiment de pêche russien, d'autant plus que les Russes qui y vont pêcher des vaches marines, ont coûtume de s'habiller à la maniere des Samoïedes. Voici encore une probabilité en faveur de cette opinion, c'est que les Russes qui y passent souvent l'hiver, n'ont jamais trouvé le moindre vestige humain, & qu'ils n'ont vû que des ours blancs, des renards blancs, & des rennes qui se nourrissent de mousse & du poisson que la mer jette sur le rivage. Pour les Borandiens, on ignore même le nom de ce peuple dans le Nord. On m'a aussi rapporté que l'équipage d'un bâtiment qui y avoit voulu hiverner il y a quelques années avoit péri entierement. Les vingt-quatre hommes qui compofoient cet équipage furent trouvés morts dans l'endroit qu'ils avoient choifi pour leur quartier d'hiver. On a crû long-tems que c'étoit l'excès du froid qui avoit fait périr ces gens-là ; mais il eft prouvé que ce font des brouillards épais & mal fains occafionnés par la putréfaction des herbes, & des mouffes du rivage de la mer qui empoifonnent & donnent la mort. Ce qui confirme ce que je viens de dire, c'eft qu'une colonie de Mezene compofée de vingt perfonnes, qui avoient établi leur demeure dans un endroit éloigné de 20 lieuës de celles des autres, eut beaucoup à fouffrir des mêmes brouillards. Perfonne cependant ne mourut, mais tout le monde fut malade. La terrible pefte, qui au milieu du quatorzieme fiecle dépeupla l'ifle d'Iflande, n'étoit peut-être autre chofe que de pareils brouillards.

Quelques Hiftoriens racontent que l'on trouvoit de l'argent dans quelques endroits de la nouvelle Zemble. Cela n'eft pas fans vraifemblance, puifqu'il paffe pour certain dans toute la Ruffie que fous le regne de l'impératrice Anne, on a trouvé dans une ifle déferte de la mer blanche plufieurs rochers incruftés de l'argent le plus pur. On en envoya des barres à Péterfbourg. On fe promit de grandes richeffes de cette découverte, on creufa les rochers, & l'on s'apperçut que l'intérieur ne contenoit rien de ce métal précieux, & que ce n'étoit qu'une simple incrustation peut-être aussi ancienne que la création.

Les Samoïedes sont la plus part d'une taille au-dessous de la moyenne, ils ont le corps dur & nerveux, ils ont les épaules larges & les jambes courtes, les pieds petits, le col court, la tête très-grosse, le visage applati, les yeux petits & noirs, le nez écrasé, la bouche grande, & les lèvres minces. Leurs cheveux noirs & forts leur pendent sur les épaules; ils ont le teint brun & jaunâtre, & les oreilles très-grandes. Ils n'ont que peu ou point de barbe: la phisionomie des femmes ressemble à celle des hommes; elles ont cependant les traits un peu plus fins, & les pieds un peu plus petits; mais comme les deux sexes ont même habit & même phisionomie, il est difficile de les distinguer. L'un & l'autre portent des habillemens faits de peaux de rennes tournées en dehors, qui leur serrent & leur couvrent tout le corps. Voyez planche C.

Planche C.

Pour ce qui regarde les Lapons, on ne reconnoît presque aucune conformité entr'eux & les Samoïedes, excepté leur habillement qui est à-peu-près le même, leur vie ambulante, & l'usage qu'ils font des rennes (a). D'ailleurs les Lapons ont la phisionomie assez semblable à celle des autres Européens, & sur-tout celle des *Finnois*. Ils ont pourtant l'os de la machoire supé-

(a) Le mot de renne vient de l'Allemand; *rennen*, qui signifie *courir*.

Ch. Eisen del. le Mire direxit

1. un Samoïede. 2. une Samoïede. 3. Patins.

rieure un peu plus fort & plus élevé. Leurs cheveux sont de différentes couleurs ; & pour ce qui regarde le sexe il y a, suivant le témoignage unanime des Voyageurs, des Laponnes qui pourroient passer pour belles femmes chez toutes les nations. Les Lapons different encore des Samoïedes par la barbe que les premiers ont forte & épaisse. On croit que les Lapons descendent des Finois, & les Samoïedes de quelque race tartare des anciens habitans de la Sibérie qui, à force d'avoir été repoussés par d'autres nations, s'est reculée jusqu'aux extrémités de la terre. Les Lapons, comme on l'a dit dans plusieurs relations différentes, ne se servent pas du javelot, ils en ignorent même l'usage ; ils ont des fusils, & ils achetent leur poudre à *Kola*. Ils ne mangent point leur viande & leur poisson crud comme les Samoïedes ; ils ne font pas de farine des os broyés de poisson, cet usage n'a lieu que chez les Finnois habitans de la Carelie ; mais les Lapons se servent de cette pellicule fine qui est sous l'écorce du sapin ; ils en font leur provision au mois de mai, la font secher, la réduisent en poudre, qu'ils mêlent avec la farine dont ils font du pain ; ils prétendent que ce pain est un anti-scorbutique. Ils ne composent point leur boisson de l'huile de poisson. Il est faux que la poligamie ait lieu chez eux, non plus que l'usage de se marier sans égard aux degrés de consanguinité. Ils n'offrent point leurs femmes & leurs filles aux étrangers, & cette accusation est destituée de

Réfutation de plusieurs fables au sujet des Lapons.

preuves. On a beaucoup parlé des ſortileges des Lapons; mais tous les recits qu'on a faits là-deſſus ſont remplis d'exagération. Quoique la plûpart des Lapons ayent embraſſé le Chriſtianiſme, ils n'ont de chrétien que le baptême & le nom. Ils ont beaucoup de peine à quitter leurs mœurs & le culte de leurs idoles. Les Lapons & les Samoïedes ne ſont point ſi petits que l'ont rapporté pluſieurs Hiſtoriens, qui ont voulu les faire paſſer pour des *pigmés*, ils n'ont cependant gueres plus de 4 pieds 3, 4 ou 5 pouces. La vie des Lapons eſt une image de la vie de nos premiers parens. Ils vivent ſans maiſons, ſans métairie, ſans ſemer, ſans planter, ſans filer, ſans faire de la toile, *&c.* La providence leur a donné un animal qui n'exige preſque aucun ſoin, & qui fournit à toutes leurs néceſſités. C'eſt la renne qui de tous les animaux domeſtiques eſt le moins à charge, & en même tems le plus utile; elle ſe nourrit & ſe ſoigne elle-même; en été elle broute de la mouſſe, des feuilles & de l'herbe qu'elle trouve dans les montagnes; en hiver elle a l'inſtinct de déterrer avec les pieds une eſpece de mouſſe qui croît ſous la neige. Lorſqu'une renne a couru toute une journée, on ne fait que la mettre en liberté, ou bien on l'attache à un arbre, & on lui porte deux poignées de mouſſe : la renne a beaucoup de reſſemblance avec le cerf, dont on la diſtingue cependant en ce qu'elle porte ſes cornes en avant. Cet animal tient lieu au Lapon de champ, de prés, de chevaux &

Renne.

Combien cet animal rend ſervice.

page 121. *planche D.*

Ch. Eisen del. *le Mire direxit*

Lapon dans un Traineau tiré par une Renne.

& de vaches. Sa chair & ſon lait ſont ſa principale nourriture ; ſa peau lui fait un vêtement d'hiver, & l'été il la vend ou l'échange pour une tente qui lui tient lieu de maiſon. Son poil lui ſert de fil, il taille des meubles & des outils de ſes os & de ſes cornes, il fait auſſi un lit de ſa peau, enfin de ſon lait gras il compoſe de très-bons fromages. Ainſi la renne fait toute la fortune du Lapon. Pluſieurs Lapons entretiennent juſqu'à mille rennes, & les connoiſſent toutes par leurs noms. Lorſque les Lapons veulent voyager ou tranſporter leurs effets, ils ſe ſervent de traineaux qui ont la forme d'un batteau : l'eau n'y pénétre point, & l'on y eſt à l'abri du froid. Les traineaux ſont conduits par les rennes avec tant de vîteſſe, qu'on vole, pour ainſi dire, à travers les forêts, les montagnes & les vallées. M. Deſchéel, grand baillif de Bergues, me donna le modèle d'un de ces traineaux tirés par des rennes, que j'ai fait graver pour mieux inſtruire le lecteur. Voyez planche *D*. Ces traineaux ne ſervent que pour courir ſur la glace ou ſur la neige. Les Lapons font uſage, ainſi que les habitans de la Finnelande, d'une eſpece de patins tout-à-fait particuliere. Ils ſont faits d'une planchette d'environ 6 ou 7 pieds de longueur, ſur environ un pied de largeur. Cette planchette eſt pointue & recourbée pardevant. Ils s'attachent une pareille planche à chaque pied, & prenant en main un bâton, dont le bout eſt applatti pour ne pas enfoncer dans la neige, ils courent avec

Façon de voyager des Lapons.

Planche *D*.

tant de célérité qu'ils peuvent atteindre des ours & des loups. Voilà ce qu'on peut dire en abregé de plus intéressant sur ces peuples du Nord. Je reviens à la ville de Bergues. J'ai promis de détailler le plan de son port.

Détail du plan de Bergues.

La ligne nord & sud qui est tracée sur le plan ne marque pas le nord du monde, mais seulement le nord de la boussole qui varie dans la baye de Bergues de 21 degrés. La lettre *A* marque la pointe de la Citadelle, qui n'est défendue que par de mauvais retranchemens où l'on peut descendre facilement. *B*. la Citadelle qui n'est autre chose qu'une redoute avec du canon ; elle est très-aisée à escalader du côté de la porte. *C*. Le Château dont toute la force consiste en une batterie d'environ vingt pieces de canon de moyen calibre qui battent la rade & le port. *D*. La mâture, ou la machine à mâter les bâtimens ; il y a trois brasses d'eau au pied de cette mâture, ainsi on voit que des frégates de quarante & cinquante canons peuvent s'y réparer. *E*. Le marché public & général des denrées. *F*. La ville qui environne le port. *K*. Roche sous l'eau, sur laquelle j'ai touché, & qui est ordinairement marquée par une balise. *L*. Tonne ou bouée, qui désigne le coffre ou le corps mort d'appareillage : il y a quelquefois dix à quinze bâtimens amarrés sur ce coffre en attendant le vent pour appareiller. *M*. Isle Sanduick, sur laquelle il y a quelques mauvaises pieces de canon ; à côté de cette isle, j'ai placé une ancre pour désigner le mouillage qui est dans le nord-quart-nord-est de l'isle. On mouille par vingt-cinq brasses d'eau, & l'on a des grêlins amarrés aux organaux qui sont sur l'isle & sur les roches à l'est de Sanduick, au pied desquelles il y a trois brasses d'eau, comme je l'ai marqué sur le plan. On ne peut placer que trois frégates ou deux vaisseaux de ligne dans ce mouillage. *N.* Nuham, où l'on peut encore amarrer deux gros vaisseaux en mouillant une grosse ancre au large, & s'amarrant par derriere à terre. Ce poste est ordinairement occupé par deux ou trois vaisseaux baleiniers, parce qu'il y a un établissement à terre pour tirer l'huile des baleines ou des loups marins. *P.* Corderie où l'on peut faire toute la garniture d'une frégate. On voit par ce plan qu'il n'est pas possible de mouiller dans la baie à cause de la profondeur de l'eau. Ainsi, lorsqu'on arrive dans cette baie & que le vent est contraire, il faut louvoyer pour gagner le mouillage de Sanduick, ou s'approcher à une portée de fusil de la grosse bouée, qui marque le coffre d'appareillage à l'entrée du port. Il est très-inutile de laisser tomber l'ancre à moins d'être à une portée de fusil de la bouée, car elle chasseroit; elle ne tiendroit point, vu que le fond est en talus; on seroit obligé de remettre à la voile. Je crois avoir instruit le lecteur de tout ce qui peut intéresser au sujet du port & de la ville de Bergues, on peut conclure que c'est une relâche de ressource dans les mers

Instruction pour mouiller à Bergues.

du Nord, puiſqu'on y trouve des vivres, des rafraichiſſemens & les moyens de s'y réparer. Pendant la derniere guerre, les corſaires de Dunkerque y relâchoient continuellement pour faire de l'eau & du bois; & pour y conduire des priſes qui y ont été vendues très-avantageuſement.

QUATRIEME PARTIE.

CONTENANT *la route de Bergues à la côte orientale d'Islande, la description des ports qui sont en cette partie, la description des isles de Ferro, de Schettland, des Orcades, & le retour en France.*

APRÉS avoir pris à Bergues des rafraichissemens pour mon équipage, & après avoir fait à ma frégate les réparations nécessaires pour la mettre en état de reprendre la mer, je me disposai à partir. Les vents me contrarierent plusieurs jours, je voulois un vent de sud pour sortir par une des passes du nord de Bergues, & continuer ma route directe vers les côtes d'Islande; mais le vent ne se déclara de la partie du sud que le 10 Août à trois heures du matin, & à quatre heures nous appareillâmes, le vent foible, le ciel couvert avec une petite pluie. Nous mîmes toutes voiles dehors, & nous fîmes six lieues gouvernant du nord-nord-ouest au nord-ouest, côtoyant toujours les terres de bas-bord, c'est-à dire celles du sud, parce que les vents en dépendoient. Après avoir fait ces six lieues, nous apperçûmes une ouverture dans les terres du Nord qui bordoient la riviere; nous arrivâmes tout-d'un-coup pour mettre le cap au nord-est, &

Départ de Bergues.

donner dans ce paſſage. Nous prolongeâmes un iſlot, que nous laiſſâmes à bas-bord à portée de piſtolet, pour éviter une roche ſous l'eau dont nous paſſâmes encore plus près, à en juger par le remoux que le pilote norvégien nous fit remarquer. Après avoir paſſé cette roche, nous mîmes le cap au nord, enſuite au nord-quart-nord-oueſt, & ſucceſſivement au nord-nord-oueſt pour arrondir pluſieurs petites iſles ou rochers que nous laiſſâmes toutes à bas-bord. Après avoir doublé toutes ces iſles, nous nous trouvâmes dans une petite rade fermée comme un baſſin, dont on ne voyoit ni l'entrée ni la ſortie. Une eſcadre de quatre à cinq vaiſſeaux peut y mouiller par ſept braſſes d'eau fond de ſable ; il y a des bâtimens qui y ont hiverné. On voit des organeaux de fer de tous les côtés pour amarrer les vaiſſeaux qui ne veulent pas mouiller leurs ancres, ou qui n'en veulent mouiller qu'une pour affourcher avec un grêlin. Nous ſortîmes de ce baſſin par un goulet où deux bâtimens auroient bien de la peine à paſſer de front, & nous nous trouvâmes enſuite dans une baie qui a plus de douze lieues de circonférence, & qui ne paroiſſoit avoir ouverture qu'au nord-oueſt, à trois lieues devant nous. J'embarquai alors mes bâtimens à rames, & je forçai de voiles au nord-oueſt pour ſortir de cette baie par l'ouverture qui ſe montroit. A midi, nous étions entre les deux iſles qui forment cette paſſe, qu'on nomme *la paſſe de Henne-Gat* ou *Henneſiord* ; les pilotes norvégiens s'en retournerent, & je gouvernai au ouest-nord-ouest en forçant de voiles pour m'éloigner de terre. On voit que cette sortie des lits de Bergues est longue, mais elle n'est point difficile. On compte dix lieues de France depuis la ville de Bergues jusqu'à cette passe dite *Henne-Gat* ; mais dans ces dix lieues, il n'y a pas plus d'une demi-lieue de difficulté. On trouve deux mouillages pour de gros vaisseaux, & plusieurs pour de petits bâtimens, entre Bergues & l'entrée du petit bassin dont j'ai parlé, dans lequel on peut rester en sûreté, si les vents refusent ou s'ils sont trop forts pour aller en mer. Cette rade est encore plus heureusement placée pour les vaisseaux qui viennent du large, & qui se trouvent à la côte par un gros tems, car ils trouvent un bon asyle, & selon l'expression de Virgile, *Statio bene tuta carinis* (*a*). Cette sortie de Bergues par le Nord, quoique plus longue, est donc plus belle que celle par le sud nommée *passe de Cruxfiord*, qui n'est éloignée de Bergues que de six lieues de France. La route par Cruxfiord est plus courte, mais elle est aussi plus étroite, & les mouillages ne sont point si bons ; au reste les vents & la destination des bâtimens doivent décider pour l'une ou l'autre des passes ; mais, par rapport à l'atterage en venant de la mer, mon avis est d'attérer plutôt sud que nord ; car du côté de la passe de *Henne-*

(*a*) Virg. Æneide.

Gat, ou de celle de *Holmfiord* qui eſt encore plus au nord, les terres ou les roches qui forment les lits ſont très-baſſes ; il n'y a aucun point remarquable, & les terres du continent ſont très-éloignées. On ne court cependant aucun danger à attérer au nord, ſur-tout par un beau tems ; par-tout des pilotes ſe préſentent ; il y en a même quatre ſur les deux iſles qui forment la paſſe de *Henne-Gat* (*a*). Ces pilotes qui ſont pêcheurs de profeſſion, ſont toujours en mer. Lorſque le tems le permet, & auſſitôt qu'ils découvrent un bâtiment, ils forcent de voiles ou de rames pour l'atteindre. Cette paſſe eſt, à mon eſtime, par 60 degrés 40 minutes de latitude.

J'ai dit plus haut qu'en ſortant de la paſſe j'avois gouverné au oueſt-nord-oueſt pour m'éloigner de la côte, & me mettre à même de profiter de tous les vents. Ils étoient au ſud & ſud-ſud-oueſt, & ils pouvoient venir à l'oueſt. Je fis au oueſt-nord-oueſt 15 lieues, enſuite 25 autres lieues au nord-oueſt, & nord-oueſt-quart-de-nord. Le 11 à midi j'étois par 61 degrés 20 minutes de latitude, & par 1 degré 34 minutes de différence occidentale du méridien de Paris. Je ne dois point oublier de faire remarquer qu'étant à 12 lieues par eſtime de la côte de Norvege, je fis ſonder, & que je ne trouvai point de fond, mais

(*a*) Les iſles qui forment cette paſſe ſe nomment *Henne* & *Feyer*. Cette paſſe ſe nomme auſſi *Herlefiord* ou *Hennefiord*.

qu'après

qu'après avoir fait huit ou dix lieues de plus, je trouvai 100 brasses d'eau fond de sable gris vaseux; cela confirme l'observation déjà faite, que plus on approche les côtes de Norvege, plus le brassiage augmente, & le fond devient vaseux; que plus on approche les côtes de Chettland, plus le fond est mêlé de gravier & pierres noires, & qu'enfin au milieu du chenal on trouve 70 brasses d'eau fond de sable fin. Comme ces parages sont sujets à la brume, cette remarque est essentielle.

Remarques sur les sondes à la côte de Norvege.

Le 12, le 13, le 14 & le 15 les vents toûjours foibles, ne firent que varier. Ils soufflerent successivement de tous les airs de vent. Je dirigeai ma route selon les variations, & le 15 à midi j'observai 65 degrés 20 minutes de latitude, & j'étois par 10 degrés 5 minutes de longitude occidentale. Pendant ces quatre jours le ciel fut couvert & la mer belle. Le 12 nous observâmes 17 degrés de variation, & nous vîmes un banc prodigieux de petits poissons rouges qui avoient l'air d'un banc de sable rouge qui brisoit dans une étendue de plus de deux lieues. On rencontre souvent dans ces mers de pareils amas de poissons qui peuvent inquiéter des Navigateurs à la premiere vûe, d'autant plus que ces bancs de poissons attirent une quantité prodigieuse d'oiseaux, comme on en voit sur les hauts fonds. Ces mers sont aussi remplies de baleines. Je vis le 15 au matin un oiseau qui mérite par sa singularité qu'on en fasse mention. Il étoit grand comme

Variation.

Banc de poissons rouges.

une oye, il avoit le corps blanc, mais ſa tête, ſa queue, ſon colier & le bout de ſes aîles étoient du plus beau noir.

Le 16 les vents soufflerent du nord-eſt, gros frais; la mer très-mâle. Je tins bord ſur bord ſous les deux baſſes voiles, m'eſtimant dans l'eſt-quart-ſud-eſt de la pointe de Langernes, diſtance de 18 lieues.

Le 17 les vents toûjours au nord-eſt, bon frais; mais le tems clair, je prolongeai la bordée du nord-oueſt & nord-nord-oueſt, & j'eus connoiſſance à 7 heures du ſoir de la pointe de Langernes que je relevai au nord-nord-oueſt, diſtance de 6 lieues. Comme il y avoit apparence de mauvais tems, je mis à l'autre bord de peur que les vents n'euſſent paſſé à l'eſt: je vis pluſieurs bâtimens pêcheurs qui louvoyoient pour ſe relever. Dans la nuit les vents forcerent, & la mer devint affreuſe.

Le 18 le vent fut moins fort & la mer tomba, c'eſt ce qui arrive toûjours dans ces parages. La mer groſſit tout-à-coup, & tombe auſſi tout-à-coup avec le vent. Je revirai le cap au nord-oueſt pour aller chercher la terre. Je parlai à pluſieurs bâtimens Hollandois, & à un Dunkerquois qui me dit qu'il n'y avoit rien de nouveau dans la flotte. A 6 heures du ſoir, le tems clair & ſerain, je relevai la pointe du ſud de Burgerfiord au ſud-eſt, diſtance eſtimée 8 lieues. Je tirai auſſi la vûe d'une montagne qui eſt derriere cette pointe, une des plus hautes de la partie orientale. Voyez planche V, *fig.* 12. Il eſt à remarquer que, quoi-

Planche V. fig. 12.

que les terres d'Islande soient très-hautes, il faut souvent en être fort près pour les voir, parce que leur sommet toûjours couvert de neige est aussi très-souvent embrumé, comme je crois l'avoir déjà fait observer. Je sondai en prenant le relevement ci-dessus, & je trouvai 105 brasses d'eau fond de vase. J'observai le même jour avec précision la déclinaison de l'aiguille aimantée que je trouvai de 29 degrés. J'étois à vûe de terre par 67 degrés de latitude. Variation.

Le 19, le 20, le 21, les vents variables, tantôt foibles & tantôt violens, je courus à différens airs de vent pour examiner le gissement des côtes, & chercher les bâtimens de pêche françois qui sont ordinainairement très-dispersés.

Le 22 à 3 heures du matin, le vent à l'est, le ciel serain, je portai au nord jusques par la latitude de 69 degrés. Je m'appliquai alors ces vers de *Virgile*.

» Hic vertex nobis semper sublimis; at illum
» Sub pedibus Stix atra videt, manesque profundi
» Maximus hic flexû sinuoso elabitur anguis
» Circum, perque duas in morem fluminis arctos,
» Arctos, oceani metuentes æquore tingi. *Lib. I. Georg.*

La brume s'étant épaissie & les vents ayant passé au sud-est, je pris la bordée du sud-sud-ouest, de peur de m'engager dans les glaces par la brume & par les courans. Vers le dix heures du soir, le vent devint furieux & la mer terrible, je portai cependant les deux basses voiles pour me soutenir. Dans la nuit, l'amure & la fausse amure de la grande voile rompirent, le petit foc fut emporté, & en même tems une lame fracassa toute la proue & enleva un des minots.

Le 23, le 24 & le 25, il venta du nord & du nord-est petit frais, la mer belle, mais la brume étoit toujours épaisse. Je courus au sud à petites voiles, & en sondant de deux heures en deux heures. Cette précaution étoit nécessaire ; car, comme nous avions de la brume depuis plusieurs jours, & que la carte hollandoise indique que les courans portent à l'ouest dans le nord de Langernes, j'aurois bien pu rencontrer la terre ; mais en sondant de tems en tems, je n'avois rien à craindre en portant au sud, parce qu'il y a quarante brasses d'eau à quatre lieues de terre au nord de Langernes.

Le 26, les vents au nord-ouest frais, beau tems ; j'observai à midi 65 degrés 57 minutes de latitude ; je parlai le soir à plusieurs pêcheurs françois & hollandois, & je vis deux corvettes de Dunkerque qui quittoient la pêche & faisoient route pour France.

Le 27, le 28 & le 29, les vents varierent & firent le tour du compas, le ciel couvert, & souvent même de la brume. Comme tous les bâtimens pêcheurs ont coutume de quitter la pêche du 25 au 30 août, je me disposai aussi à retourner à Brest, d'autant plus que la brume, qui régnoit continuellement, & les mauvais tems qui commençoient à se faire sentir par continuation, me mettoient dans l'impossibilité de rendre aucun ſervice ; je paſſai ces derniers jours à chercher l'iſle Enkeuyſen, je me mis par ſa latitude & je courus différens bords à l'eſt & à l'oueſt, pour tâcher d'en avoir connoiſſance ; mais tous mes ſoins furent inutiles. Dans la nuit du 28 au 29, nous eûmes quelque inquiétude. La nuit étoit très-ſombre, & il faiſoit un calme plat. L'officier de quart vint m'éveiller, & m'avertir qu'on entendoit un bruit ſingulier. Je me tranſportai auſſitôt ſur le pont, & j'entendis effectivement un bruit tel que celui que fait la mer lorſqu'elle ſe briſe contre les rochers. Je fis jetter promptement un plomb de ſonde, & filer cent braſſes de lignes ſans trouver fond. Cependant le bruit continua encore plus d'un quart d'heure, après lequel on n'entendit plus rien. Je penſe que ce bruit n'étoit occaſionné que par des bancs de poiſſons qui environnoient la frégate, & il y a lieu de croire que l'iſle Enkeuyſen n'exiſte plus, puiſque de cinq cens bâtimens qui vont tous les ans à la pêche & qui en reviennent, aucun depuis trente ans n'en a eû connoiſſance. Cette iſle a peut-être été engloutie par quelques révolutions comme celles de Goubermans ; ou bien par la brume ou le gros tems on a pris un banc de glace pour une iſle.

Doute ſur l'exiſtence de de l'iſle Enceuyſen.

J'ai promis de parler des ports qui ſont ſitués dans la partie orientale d'Iſlande ; comme je touche au moment de quitter ma ſtation, je crois que c'eſt ici le lieu de faire part au lecteur des inſtructions que j'ai été à portée de prendre sur ce point. Je commencerai par le premier mouillage au sud de Langernes, & je descendrai successivement jusqu'au bas de la côte. Langernes est une langue de terre très-longue & très-plate en sa superficie; on peut la voir de six à huit lieues. Langernes est placée exactement sous le cercle polaire. Au sud de Langernes il y a un mouillage pour tout vaisseau quelconque, par 10 à 15 brasses d'eau fond de sable, à l'abri des vents du nord & de l'ouest. Lorsqu'on vient de l'est pour chercher un mouillage en cet endroit, soit pour se mettre à couvert du mauvais tems, soit pour faire de l'eau, il faut serrer la côte si les vents sont nord; elle est très-saine, & l'on peut la ranger à portée de fusil. On apperçoit d'abord un mât ou un bâton de pavillon à trois ou quatre maisons ou cabanes. On peut mouiller vis-à-vis de ces cases, mais il vaut mieux aller plus loin, & laissant ces cabanes à stribord, courir jusqu'à ce qu'on voye d'autres cabanes sur un côteau au bord de la mer, c'est alors qu'on doit se préparer à mouiller. Les bâtimens pêcheurs ont coûtume de mouiller vis-à-vis de ces secondes cabanes à un quart de lieue de terre, mais un vaisseau de guerre sera très-bien à une demie lieue de la côte. On est en sûreté dans ce mouillage tandis que les vents sont de la partie du nord & de l'ouest; mais si l'on voit apparence de vent de sud & d'est il faut appareiller.

Description des ports à l'est d'Islande.

Vapen-fiord est une bonne baye pour des bâtimens de toute grandeur. On mouille devant les cabanes par

15 à 18 brasses d'eau fond de sable vaseux, mais comme il y a deux roches au milieu de la baye, les gros bâtimens qui ne virent pas bien de bord ne doivent pas y entrer, à moins que les vents ne soient favorables.

Zand-boek est une rade où l'on se met à l'abri des vents de la partie du sud, en mouillant à la côte du sud devant les cabanes des Islandois. Il y a des roches dans la partie du nord de la baye. Entre ces deux ports, il y a une petite isle nommée Bourhick, qui est très-saine.

Burger-fiord est une bonne rade pour des petites frégates ou corvettes. Étant au large, à environ 8 lieues de terre, on découvre une montagne qui a la forme d'une embrasure de canon, & qui sert de reconnoissanee pour cette partie de la côte, car elle est placée entre les deux bayes que je viens de nommer.

Lommer-fiord est un très-bon port pour des frégates; il faut mouiller à stribord, en entrant au pied des cabanes des pêcheurs, par 10 brasses d'eau à une encablure de terre. Derriere cette baye il y a aussi une montagne qui ressemble de loin à une couronne.

Zuider-fiord petite rade pour des pêcheurs, ou de très-petites corvettes.

Meuve-fiord petite rade ouverte aux vents d'est qui y soufflent pleinement.

Ruider-klip est sans contredit le meilleur havre qui soit sur toutes les côtes d'Islande. C'est une rade par excellence, elle eſt exactement fermée, & cinquante vaiſſeaux de guerre peuvent y mouiller, auſſi à l'aiſe qu'en ſûreté. Tous les vents de la partie de l'eſt ſont favorables pour y entrer. On peut mouiller par toute la baye par 25 à 30 braſſes d'eau fond de vaſe, mais le meilleur mouillage eſt au fond de la baye à la côte du nord, après avoir doublé ou dépaſſé une pointe de gravier qui paroît rouge de loin, & qui avançant dans la baye, forme une anſe où l'ancrage eſt excellent. On y mouille par 15 à 18 braſſes d'eau fond de ſable vaſeux. On peut affourcher en envoyant un grelin avec une petite ancre à terre qu'on a ſoin d'enſabler, ou de retenir par des piquets. Cette rade eſt tout ce qu'il y a de mieux en la partie orientale, & même dans toute l'étendue des côtes d'Iſlande.

Kolhom eſt une baye qui offre de bons mouillages; mais ſon entrée eſt difficile; il faut paſſer au ſud d'une iſle nommée Schorres qui eſt devant la baye, parce que dans le partie du Nord il y a un récif qui s'étend très-loin, & rend le paſſage au nord de cette iſle preſque impratiquable.

Papei-fiord eſt une rade ouverte, à laquelle l'iſle Papei qui eſt à l'entrée a donné ſon nom.

Preiſter-baye, & Ingelſe-baye ſont encore deux rades peu abrayées; cette derniere eſt ainſi appellée parce qu'elle eſt beaucoup frequentée par les Anglois. Sur le paralelle de ces deux bayes il y a 6 ou 8 lieues au large une roche platte & grande nommée Walſboc, qui

qui paroît comme le dos d'une baleine. Comme les pêcheurs m'ont assuré qu'il y a des courans affreux & des remoux terribles entre cette roche & la terre, je serois porté à croire qu'il y a sous l'eau une chaîne qui tient depuis la roche en question jusqu'à terre, & qu'il y a du danger à y passer, quoique les pêcheurs l'ayent plusieurs fois traversé. Ne pourroit-on pas croire aussi que l'isle Enkeuysen, qu'on place sur le même paralelle, n'est autre chose que l'isle ou la roche Walsboc, vûe par un tems de brume par des pêcheurs qui n'avoient point vû la terre, & qui ignoroient la distance dont ils en étoient? Cela est d'autant plus probable, que la plûpart des patrons des bâtimens pêcheurs ne savent ni lire ni écrire, & ne sont point en état de faire une bonne observation.

Les isles de Ferro ou Ferroer sont situées dans la mer du Nord, entre les 61 & 63 degrés de latitude, & à peu-près entre les 8 & 10 degrés de longitude occidentale, méridien de Paris. On ne sait point positivement le tems où ces Isles furent découvertes, mais on sait que sous le regne de Harald Haorfager, roi de Norvege, elles étoient habitées & frequentées par les étrangers. Vers le onzieme siecle, la religion Chrétienne y fut prêchée. Le Roi Christian III. ayant introduit la réformation dans ses états, soumit les isles de Ferro à un Prevôt qui dépend maintenant de l'Évêque de Seeland, & a sous sa direction sept Prédicateurs qui desservent quarante Eglises. Ces isles sont Isles de F e

S

ſous la direction du Baillif d'Iſlande. Elles ont outre cela un Juge provincial, un Sénéchal, deux Magiſtrats ſubalternes, & un Receveur général des domaines du Roi, qui eſt auſſi Directeur du commerce de ces iſles avec la ville de Copenhague. Le commerce s'en fait pour le compte du Roi par la chambre des Finances. Ces iſles ſont au nombre de vingt-cinq, dont dix-ſept ſont cultivées & habitées. Elles ſont diviſées en ſix paroiſſes. 1°. La paroiſſe de Norderoë, qui comprend les iſles & égliſes ſuivantes. *Videroë* qui eſt nommée ſur le Neptune *Vidro. Fulgloë* ou *Fuloë* de deux mille danois de tour. *Suinoë* de la même grandeur. *Bordoë* qui a dans le nord-oueſt un bon port. *Canoë*, ou *Kunoë* de trois milles de circonférence, & *Calloë*, ou *Kalſoë* de la même étendue. 2°. *Oſtroë*, ou Oeſteroë de dix-huit milles de circonférence : elle a ſept égliſes & deux ports qu'on nomme Fugle-fiord & Konſgaven : ce dernier port eſt dans le golfe de Skaale. 3°. *Stromoë*, cette iſle eſt de vingt mille de circonférence. On la diviſe en deux parties ; la partie ſeptentrionale comprend l'égliſe principale de Kolde fiord, & les ports de Wermanhan & Halderſviig. La partie méridionale comprend la ville de *Thorshan* ou *Thorshaven* qui a un port très-commode, défendu par une redoute. C'eſt le chef-lieu de toutes les iſles, le ſeul où il y ait un marché ; le ſénéchal & le directeur du Commerce y font leur réſidence : il y a ordinairement cent hommes de garniſon. Le roi Chriſtian III. y a établi un College que Chriſtian IV. perfectionna en 1647. Le ſieur Thurot y a relaché dans la derniere guerre, commandant le corſaire nommé le *Marechal de Beliſle*, démâté de tous ſes mats pour la troiſieme fois. 4°. *Waagoë*, cette iſle a ſix milles de circonférence. Son égliſe principale eſt près du port de Midvaag. Cette iſle a encore un autre port nommé Sorvaag, qui eſt comme le premier dans la partie du ſud de l'iſle. L'iſle Waagoë eſt celle qui eſt marquée ou nommée *Wage* ſur le Neptune. 5°. *Sandoë*, cette iſle a huit milles de circonférence. Il y a un courant terrible dans le ſud de cette iſle près des iſlots, ou rochers qu'on nomme Daſſnipen & Dasflets. Au ſud de l'iſle Sandoë il y a deux petites iſles qu'on nomme *Skuoë* & *Stoeredimen*. Cette derniere qui a un mille de circonférence, eſt un rocher rond ſi eſcarpé qu'il eſt inacceſſible. Au ſud de celle-ci eſt l'iſle *Lutteldimen*, où lorſqu'on met des moutons blancs en paturage, ils deviennent noirs en trois mois de tems. 6°. *Suderoë*, cette iſle a environ vingt milles de circonférence. Dans cette iſle eſt le port de *Lobroë*, au fond du petit golphe de *Vaago-fiord*. Ce port eſt un des plus ſûrs & des plus commodes de l'iſle. Il y a un courant très violent & très-dangereux au ſud de cette iſle, près de Somboë ou Sumby, & autour d'un rocher nommé le *Moine*, qui eſt à une lieue & demie au large, & qu'il ne faut point trop approcher, car j'ai vû des briſans qui s'étendoient à plus d'un quart de lieue. On dit qu'il y a une montagne nommée *Famogen* dans l'isle Suderoë, sur laquelle on voit un lac qui a son flux & reflux à la même heure que dans le port de Lobroë. Il est pleine mer aux isles de Ferro le jour de la nouvelle & pleine lune à 12 heures. Ces isles sont sujetes à des brouillards qui causent des rhumes, le scorbut, & les autres maladies qui viennent de l'humidité. Elles ne sont autre chose que des rochers couverts d'un peu de terre, assez féconde cependant pour rendre 20 pour 1. Toute la moisson est en orge. Les troupeaux de moutons sont la richesse des habitans, dont on porte le nombre à vingt mille ames. Tout le commerce de ces isles consiste en suif, en peaux, en viande de mouton salé, en plumes, en edredon, en bas, bonnets & chemises de laine. Ces isles sont assez bien placées sur la carte du Neptune, & sur celle de M. Bellin. La roche nommée *Lemoine*, qui est au sud de ces isles & qui paroît de loin comme un bâtiment, est par 9 degrés 5 minutes de longitude, ou différence occidentale du méridien de Paris. Ayant pris hauteur dans la ligne est & ouest corrigée de cette roche, je connus qu'elle est par 61 degrés 17 minutes de latitude. La variation au sud des isles de Ferro est à mon estime de 19 degrés.

Isles des Orcades ou Orkeney.

Les Orcades sont un amas d'isles au nord d'Écosse, dont elles ne sont séparées que par le détroit de Pentland, qui a deux lieues & demie de large & quatre & demie de longueur, on en compte 67, dont 28 sont habitées. Ces isles furent très-peu connues des anciens, car les Historiens ne s'accordent pas sur leur nombre. Pline & Pomponius-Mela n'en comptent pas plus de quarante. Ils ont sans doute regardé comme des rochers plusieurs de ces isles qui sont très-petites, que les habitans appellent *Holms*, & qui fournissent cependant de bons paturages. Ces isles ont été gouvernées par des Rois particuliers, mais les Ecossois les détrônerent lorsqu'ils s'en rendirent maîtres; les Danois, ou plûtôt les Norvégiens s'en emparerent dans la suite, mais les Ecossois les reprirent en 1472. On les regarde aujourd'hui comme provinces d'Angleterre; elles dépendent du comté de Marton; elles ne payent tous les ans à l'état que 500 livres sterling. Le climat de ces isles est bon, mais froid & humide. La recolte est en orge, qui vient très-abondamment. Les habitans ont beaucoup de bestiaux & sont très-adonnés à la pêche, desorte que le poisson & le bœuf salé sont le principal commerce de ces isles. Elles fournissent aussi cependant des suifs, des cuirs, du sel, des peaux de lapin, de l'orge & des étoffes de laine. Les côtes qui environnent ces isles offrent par-tout des bayes & des anses qui forment des ports & des mouillages excellens, mais il faut les connoître pour y entrer sans danger, car les marées y sont très-fortes, & les courants très-violents. Un maître de navire de Dunkerque m'a rapporté un trait bien frappant des courans des Orcades; il m'a dit que s'étant trouvé de calme dans un corsaire de Dunkerque, à environ deux lieues de terre dans la partie du nord, le corsaire avoit éte entraîné par le courant & la marée au milieu de ces isles, qu'ils avoient mouillé une ancre, que le cable fut coupé dans un instant, & qu'ils étoient au moment de se perdre, lorsqu'il vint des pêcheurs qui par le secours d'un petit vent qui s'éleva, les firent sortir par l'ouest de ces isles, après avoir traversés mille dangers & des remoux épouvantables. Le marin de qui je tiens cette aventure m'avoua qu'ils avoient eû une frayeur mortelle, qu'ils s'attendoient que leurs guides avec qui ils étoient en guerre, alloient les conduire dans quelque port où ils seroient retenus prisonniers, & qu'ils furent très-étonnés de sortir de ces isles à bon marché, car il ne leur en coûta que dix pots d'eau-de vie par convention. Cet Officier corsaire ignoroit sans doute qu'il est un parti à prendre en pareille occasion vis-à-vis d'un pilote étranger, c'est de lui promettre une forte recompense lorsque le navire sera hors de danger, & de l'assurer en même-tems qu'il perdra la vie s'il arrive quelque accident au bâtiment.

Il ne m'est pas possible de décrire tous les ports & mouillages des Orcades. N'ayant point été à portée d'en prendre connoissance, je n'ai pû que sonder ces côtes, & en tirer des vûes. Voyez planche IX, fig. 13 & 14. Les sondes seront marquées sur la carte de M. Bellin; je me contenterai de dire ici que dans la partie du nord des Orcades où j'ai sondé, on trouve 50 brasses d'eau fond de roche à deux petites lieues de

Planche IX. fig. 13 & 14.

Planche IX.

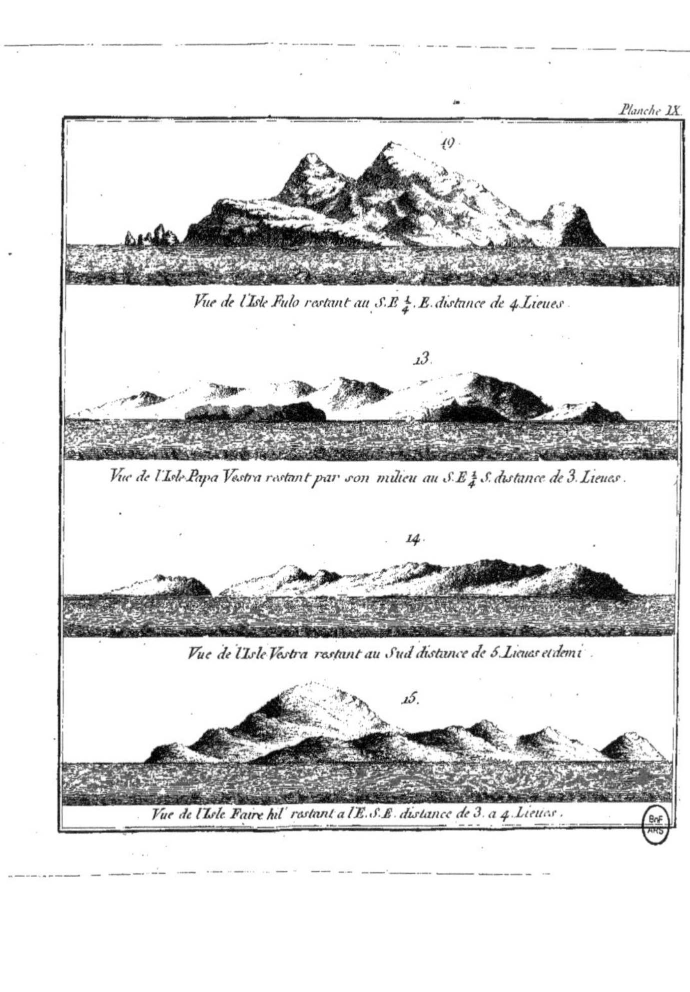

Vue de l'Isle Fulo restant au S.E ¼. E. distance de 4. Lieues.

Vue de l'Isle Papa Vestra restant par son milieu au S.E ¼ S. distance de 3. Lieues.

Vue de l'Isle Vestra restant au Sud distance de 5. Lieues et demi.

Vue de l'Isle Faire hil' restant a l'E.S.E. distance de 3. a 4. Lieues.

terre, & qu'on m'a dit qu'il y avoit 30 brasses d'eau à un quart de lieue de la côte. Ainsi, lorsqu'on trouve moins de 50 brasses d'eau, il est tems de revirer si l'on ne veut pas s'engager dans les courans. Je dirai aussi qu'ayant pris hauteur avec un très-bon Octand, assez près de terre pour être assuré des relevemens & des distances, j'ai trouvé que ces isles sont six minutes plus sud qu'elles ne sont marquées dans le Neptune (*a*). Voilà les seules observations que j'ai faites sur ces isles; au reste ce que j'en appris de différens Navigateurs s'accorde à peu près avec ce qu'en dit M. Bellin dans son *Essai sur les Isles Britanniques*, & avec une carte à grands points de ces isles, & de celles de Chettland, qui m'a été donnée à Bergues par un Capitaine marchand qui va tous les ans aux Orcades & à Chettland. J'ai jugé à propos de rapporter ici les notes de M. Bellin sur ces isles, après y avoir fait les corrections nécessaires & des additions qui pourront être utiles.

Remarques sur la latitude.

Pomona ou Pomonia est la plus grande & la principale de toutes ces isles (*b*). Les terres en sont très-hautes dans la partie de l'ouest. C'est dans ces isles qu'est la ville de Kirkwal, capitale des Orcades & la résidence de l'Evêque. Cette ville est dans la partie du nord; elle a un port & une rade; mais les ports les

Kirkwal.

(*a*) Neptune ou cartes réduites des Isles Britanniques gravées en 1757.

(*b*) L'isle Pomona se nomme aussi Mainland, qu'il ne faut pas confondre avec l'isle Mainland de Chettland.

plus considérables de l'isle sont *Schapa* à l'opposite de Kirkwal, *Cairston*, *Caerston* & *Dieresound.*

Port de Cairston.

Le port de Cairston est dans le sud-ouest de Pomona. C'est un port très-sûr, & propre pour la navigation de l'ouest, il y a plusieurs passes entre les isles pour s'y rendre La passe nommée *Hamsoud*, qui est au sud de Pomona, est très-bonne pour les navires qui viennent de l'est. On navigue dans cette passe en laissant à stribord la pointe de Rost net ou Rossenès, qu'il ne faut point trop approcher parce qu'elle à une batture, il est vrai qu'elle ne s'étend pas au large. Cette pointe de Rost-net est au sud de Pomona. On laisse ensuite à bas bord la petite isle de Lamholm, delà on cotoye Pomona, & si l'on est contrarié par les vents ou la marée, on peut mouiller par 6 brasses d'eau dans un enfoncement qu'on voit à stribord au sud de Pomona; c'est ce qu'on appelle rade de Schapa: si le tems est favorable, on continue en cotoyant Pomona; on trouve une petite isle sur la route que les gens du pays nomment *Barrer-Botter*; elle est saine, & on la laisse indifféremment à stribord ou à basbord selon le vent. On passe au nord de Carra, on trouve encore une très-petite isle aussi très-saine & à égale distance de Carra & de Pomona; delà en suivant le nord-ouest-quart-de-nord on se rend dans le port de Cairston, où l'on mouille par 7 brasses d'eau dans la rade; mais si l'on veut s'enfoncer davantage & approcher de terre, on mouille par 4 brasses d'eau très en sûreté fûreté à l'abri de tous les vents, & l'on ne fent ni courans ni marée.

Cairfton eft une petite ville au fond du port ; on y trouve des rafraichiffemens. Il eft plus facile de venir à Cairfton par l'oueft, & la route eft bien plus courte ; mais il faut avoir attention de ne point ranger la pointe du fud de Pomona, car cette pointe eft garnie de roches. Il y a encore une bonne paffe pour fe rendre entre les ifles de *Soult-Ronalza* & Burra, mais elle eft très-étroite ; il eft très-dangereux d'y donner à moins d'avoir un vent fûr & favorable. Dans le fud de Pomona la marée porte au fud-eft dans les nouvelles ou pleines lunes, & la mer marne de 12 pieds.

Port de Dierefound.

Le port de Dierefound eft dans le nord-eft de Pomona en dedans de Mulhead, la pointe la plus orientale de Pomona, & à une lieue à l'oueft de cette pointe. Mulhead eft une terre très-élevée & remarquable ; elle eft d'ailleurs faine & efcarpée. Il y a deux roches à l'eft, & deux autres au nord-nord-oueft, mais elles font très-près de terre. L'entrée du port de Dierefound a environ un tiers de lieue de largeur ; il faut en prendre le milieu, car il y a quelques roches à terre fous l'eau, fur-tout vers la pointe qui eft à ftribord en entrant. Après avoir doublé cette pointe, on entre dans le port où l'on peut mouiller par-tout ; mais pour être plus à couvert, on fe range à l'oueft de la pointe de Neftin, qui eft celle de ftribord en entrant, où l'on mouille par 5 braffes d'eau. Les petits bâtimens vont dans le sud de Dieresound, dans un enfoncement nommé *Marketbay*, où ils mouillent par 3 brasses d'eau ; il faut prendre garde à la marée pour y entrer, car dans le milieu de cet enfoncement il y a un petit banc sur lequel il ne reste de basse mer que 5 pieds d'eau. La mer monte de 12 pieds à Dieresound dans les grandes marées, & de 8 pieds dans les marées ordinaires.

Port de Kirkwal.

Le port de Kirkwal est dans le nord de Pomona. Pour s'y rendre de la partie de l'est, il faut donner dans la passe appellée Stronsafirth, au sud de l'isle Stronsa, & au nord de Mulhead. On range le cap, on passe devant Dieresound entre le nord de Pomona & le sud de l'isle Schapinsha, laissant l'isle nommée Elgarholm à stribord, & celle de Théevesholm à basbord ; aussitôt qu'on a dépassé cette derniere isle, on fait route au sud-sud-ouest, pour éviter une roche qui est à un tiers de lieue dans le nord-ouest de Théevesholm, sur laquelle il ne reste à mer basse que 6 pieds d'eau. On gouverne ensuite au sud-quart-sud-ouest pour entrer dans la rade de Kirkwal, où l'on mouille par 6 à 8 brasses d'eau. On peut s'approcher de la ville qui est au fond de la baye ; on y est plus à couvert, mais on n'est pas si bien pour l'appareillage. Il y a un excellent mouillage à une lieue & demie à l'ouest de Kirkwal qu'on nomme *Moonos-Bay* ; on y mouille par 6 brasses d'eau, & l'on y sent moins les courans que dans la rade de Kirkwal. Mais comme il y a des roches sous l'eau stribord & basbord en entrant à Monoos-Bay, il

Moonos.

faut se tenir au milieu du canal; il seroit même prudent de prendre un pilote-pratique du lieu; on en trouve en tout tems.

Rowa.

L'isle Rousa est au nord de Pomona; elle a peu d'étendue, mais les terres sont assez hautes. Entre Rousa & Pomona les courans sont très-violens.

Passe de Viresound.

A l'est de Rousa est le mouillage nommé Wiresound. Pour entrer à Wiresound en venant de l'est il faut passer dans Stronsafirth, mais au lieu de prendre au sud de l'isle Shapinsha, on prend au nord, laissant à stribord les isles de Warms & Graen; après quoi on fait l'ouest-sud-ouest pour laisser l'isle d'Egilsha, & celles de Wire & Rousa à basbord; c'est entre Rousa & Egilsha qu'est le mouillage de Wiresound, on y mouille par 6 ou 7 brasses d'eau. L'entrée de ce mouillage est sans danger, il faut seulement prendre garde à quelques roches qui s'étendent à un tiers de lieue de terre dans le sud d'Egilsha; pour les éviter, il ne s'agit que de se tenir à une demie lieue de cette pointe, & de ranger l'isle de Wire qui a donné le nom au mouillage. Pour être bien mouillé dans Wiresound, il faut mettre l'église de sainte Agnès, qui est sur l'isle d'Egilsha, au nord-est-quart-est. La marée n'est pas forte dans cette rade, qui est très-fréquentée par les pêcheurs qui vont en Islande. On peut sortir de Wiresound par une petite passe au nord du mouillage entre l'isle de Rousa & la petite isle de Scocknefs. Il y a dans cette passe 4 brasses d'eau à mer basse, mais elle est très-étroite. En sortant de cette passe on se trouve dans le Westra-firth, ou détroit de Westra. On appelle le Westra-firth le canal ou débouquement qui est entre Rousa & Westra ; les courans y sont très-violens, sur-tout dans les grandes marées. Quand on sort par ce canal, il faut avoir attention de ranger l'isle Rousa, parce qu'il y a vers le milieu du canal, dans le sud-ouest de Westra, des roches très-dangereuses sous l'eau. Lorsqu'on veut sortir de Wiresound par l'ouest, laissant les isles de Wire & de Pomona à basbord, & l'isle de Rousa à stribord, on a soin de cotoyer l'isle Rousa, & quand on découvre à l'ouest une isle que les habitans du pays appellent *Inhalla*, on gouverne pour la ranger dans le sud & la laisser à stribord, parce qu'il n'y a pas de passage dans le nord de cette isle : il faut un vent bien frais pour refouler les courans dans cette passe. On peut encore se rendre à Wiresound en venant de l'est par la passe de *Sanda-sound*. Cette passe est entre les isles de Sanda & de Stronsa, en laissant Sanda & Eda à stribord, & Stronsa & Schapinsha à basbord.

Après avoir fait connoître les passes & les mouillages qui sont dans l'intérieur des Orcades, je ferai mention de ce qui concerne l'extérieur ; ce qui n'est pas moins important pour les vaisseaux qui peuvent être affalés sur ces côtes. Je commencerai par la partie du sud ou le détroit de Pentland ou Pligtland, qui est, comme je crois l'avoir dit, entre l'Ecosse & les Orcades. Quand on vient de l'est pour donner dans ce paſſage, il faut ranger à un tiers de lieue une iſle qui eſt à l'entrée. On peut indifféremment la ranger au nord ou au ſud. Lorſqu'on a dépaſſé cette iſle, il eſt néceſſaire de ſe tenir à mi-canal, & d'accoſter plûtôt les Orcades que les terres d'Ecoſſe, parce qu'il y a beaucoup de roches ſous l'eau du côté de l'Ecoſſe; mais lorſqu'étant au ſud de l'iſle Hoy on releve à l'oueſt ou à l'oueſt-quart-ſud-oueſt une iſle qui ſe trouve dans le milieu du détroit, & que l'on n'eſt pas à plus d'une lieue & demie de cette iſle, on n'a plus rien à craindre de la côte d'Ecoſſe; il eſt égal de paſſer au nord ou au ſud de cette iſle, parce qu'il y a par-tout 25 braſſes d'eau. Quand on a dépaſſé cette iſle nommée *Stroma*, le canal s'ouvre, & les courans ſont moins forts. Il ne faut point ranger de trop près l'iſle *Stroma*, parce qu'elle eſt environnée de roches. Au nord-nord-eſt de l'iſle Stroma on voit dans l'iſle de Hoy une anſe où l'on peut mouiller à quatre braſſes d'eau. Dans la partie de l'eſt des Orcades les côtes ſont aſſez ſaines. Il y a preſque par-tout 30 braſſes d'eau à une demie lieu de terre. Lorſqu'on louvoye ſur ces côtes, on peut, ſans rien craindre, les approcher, & prolonger ſes bordées ſi le vent eſt frais; mais s'il y a apparence de calme, il faut ſe tenir plus au large de peur d'être entrainé par les courans. Dans la partie orientale des Orcades, la pointe de Sanda eſt la ſeule dangereuſe; cependant les roches qui ſont à cette pointe ne vont pas plus d'une demie lieue au large dans le nord-eſt.

Au nord de cette pointe eſt une petite iſle qui n'eſt ſaine que dans la partie du ſud; on y peut mouiller pour ſe mettre à l'abri d'un vent de nord. Cette iſle ſe nomme *Nord Ronalſa*. Dans la partie ſeptentrionale de l'iſle de Sanda il y a ſous l'eau deux roches près de terre; mais à deux lieues dans le nord-quart-nord oueſt de la pointe du nord il y a une roche dangereuſe qui couvre & découvre.

Tout bâtiment peut mouiller dans le nord de l'iſle *Eda*, au ſud d'une petite iſle très-ſaine qu'on nomme *Kal-of-Eda*. A la pointe du nord de *Weſtra*, il y a des rochers à un quart de lieue de terre, mais le ſud de cette pointe préſente une anſe ouverte à l'eſt, où une frégate peut mouiller pour ſe mettre à couvert d'un vent d'oueſt ou de nord-oueſt. A une lieue dans le nord-eſt de ce mouillage eſt l'iſle de Papa-Weſtra environnée de roches à l'oueſt, au nord & à l'eſt. Elles s'étendent à plus d'un quart de lieue dans la partie de l'eſt. Toutes les côtes occidentales des Orcades ſont en général très-ſaines; on les approche d'auſſi près qu'on veut, mais il faut ſe méfier des courans qui portent dans les détroits. J'ai obſervé ſur ces côtes, en 1768, 20 degrés 40 minutes de variation. Il ne faut point oublier de dire qu'il y a des roches à environ dix lieues à l'oueſt des Orcades, par la latitude de 59 degrés 2 ou 3 minutes. Il y en a une qui veille ou qui paroît; on la nomme en anglois *Thé Stacks*, ou *la pile de Bois*. A une lieue dans le nord de celle-ci, il s'en

Variation.

Roches très au large.

trouve d'autres ſous l'eau ſur leſquelles il ne reſte que 3 braſſes d'eau. Il eſt pleine mer aux Orcades dans les nouvelles & pleines lunes à 2 heures 45 minutes.

Entre les iſles Orcades & celles de Schettland il y a une petite iſle qu'on nomme *Fair* ou *Fairhil.* Comme cette iſle eſt au milieu d'un paſſage très-fréquenté, qu'on nomme Antonnoir, je me ſuis attaché à l'obſerver; j'en ai même tiré des vües * qui ſeront d'autant plus utiles, que les courans auxquels on eſt continuellement expoſé dans ces parages, mettent ſouvent le Navigateur dans des incertitudes embarraſſantes ſur ſa poſition. L'iſle Fair eſt placée ſur la Carte de M. Bellin gravée en 1757, par 59 degrés 30 minutes de latitude. Elle eſt ſelon moi, 3 minutes plus ſud. Cette iſle eſt aſſez haute, elle peut ſe voir de 10 lieues d'un beau tems; elle eſt ſaine, ſur-tout dans la partie du ſud & de l'eſt. Dans la partie du nord & de l'oueſt il y a quelques roches, mais elles ſont près de terre. Dans ma ſeconde campagne j'ai prolongé cette iſle à une petite lieue de diſtance dans la partie du ſud, & j'y ai remarqué une jolie plaine de verdure & pluſieurs maiſons, dont l'une ſe faiſoit diſtinguer par ſa blancheur. Il m'a parû que c'eſt dans cet endroit, au pied de la coline, qu'eſt le mouillage marquée ſur la carte Hollandoiſe, car la côte y forme un enfoncement où l'on doit être à l'abri des vents depuis le nord-oueſt juſ-

Iſle Fair ou Fairhil.

(*a*) Voyez planche IX, fig. 15, & planche X, fig. 16 & 17.

qu'au nord-eſt. L'iſle Fair peut avoir 6 lieues de tour. Les maiſons que j'ai vûes ſur cette iſle annoncent qu'elle eſt habitée, & des gens de mer m'ont aſſuré que s'étant trouvé dans un beau tems à une lieue de terre, il étoit venu des habitans à bord du bâtiment corſaire où ils étoient pour leur vendre des œufs & des poules, & leur propoſer des moutons à bon marché. Nous ſavons d'ailleurs que l'iſle Fair eſt fertile en orge, & en bons paturages. Il y a ſelon moi, 19 degrés de variation à l'iſle de Fairehil, & je la place par 3 degrés 29 minutes de différence occidentale du méridien de Paris.

Iſles de Schettland.

Au nord de l'iſle Fairhil ſont ſituées les iſles de Schettland ou Hitland, qui n'en ſont éloignées que de 7 à 8 lieues. Ces iſles ſont très-hautes; elles ſont différemment jettées & configurées ſur les cartes françoiſes, hollandoiſes & angloiſes, au point qu'il n'y a aucune conformité ni aucune reſſemblance entr'elles. Il faudroit paſſer pluſieurs jours ſur les côtes à les examiner, à les relever, & à y faire des obſervations de latitude & de longitude, pour connoître les defectuoſités des différens plans, & pour pouvoir donner des corrections ſur ces iſles. Je n'ai pû faire ces opérations ayant ma miſſion à remplir; mais d'après mes remarques & les entretiens que j'ai eûes avec pluſieurs Navigateurs, dont j'ai comparé les rapports avec les notes de M. Bellin & celles du Routier hollandois, je me ſuis mis à portée de donner des renſeignemens pour

Vüe de la Pointe Septentrionale de la Grande Isle, restant au N.E. $\frac{1}{4}$ N. distance de 9. Lieues.

Vüe de l'Isle Henne A. restant au S.E. $\frac{1}{4}$ S. distance de 4 Lieues et d'un Morne B dans les Terres.

Vüe de l'Isle Fulo restant au S. E. $\frac{1}{4}$ E. distance de 8. Lieues.

Vüe de la Pointe A. du Sud de Burger fiord restant au S. O. distance de 8. Lieues, et d'une Montagne au S. O. $\frac{1}{4}$ S. distance de 13. Lieues.

pour la navigation sur ces côtes & l'entrée des ports principaux. Quant à la différence par rapport à la position à la configuration, à la latitude de ces isles, selon le Neptune françois & le plan hollandois, qui m'a été donné, je dirai que la carte françoise est plus exacte pour les latitudes, mais que je préfere sur ce que j'en ai vu, la carte hollandoise pour la figure & le gissement des terres. Cependant l'isle Fulo est très-mal placée pour sa latitude sur le Neptune françois de 1757. Cette isle est située sur la carte françoise par 60 degrés 19 minutes de latitude, & trois observations consécutives faites à vue, & très-près de terre me la font placer par la latitude de 60 degrés 3 minutes. L'isle Fulo est à trois lieues un tiers à l'ouest des isles de Schettland; elle est très-haute, nous l'avons vue de seize lieues. Comme elle est plus remarquable qu'aucune autre de Schettland, qu'elle est éloignée de terre & que sa reconnoissance est essentielle pour les navigateurs, j'en ai tiré des vues. Voyez planche V. fig. 18, & planche IX. fig. 19. En la voyant de huit à dix lieues, elle a la forme d'une pantoufle: elle est très-saine, & l'on peut passer hardiment entr'elle & les autres isles de Schettland, car il y a dans le canal qu'elles forment, plus de deux lieues de louvoyage. J'ai observé sur cette isle la déclinaison de l'aiguille aimantée de 18 degrés 30 minutes. A dix-huit lieues à l'ouest de Fulo j'ai trouvé quatre-vingt brasses d'eau fond de gros sable gris avec

Isle Fulo.

Planche V. fig. 18, & Planche IX. fig. 19. p. 142.

Variation.

taches noires. A mesure qu'on approche de terre, le sable est plus mêlé de gravier & de pierre, & à quatre lieues de l'isle, il y a soixante-dix brasses d'eau fond de graviers & pierres noires. A l'est de cette isle sont les isles de Schettland (*a*), sur le nombre desquelles les auteurs ne sont point d'accord ; mais il n'y en a que trois de grandes, dont la principale est l'isle de Mainland. Le climat de ces isles est le même que celui des Orcades, le terroir produit également de l'orge & de l'avoine ; les pâturages sont aussi très-abondans. La pêche & les troupeaux de bœufs, de vaches & de moutons sont la richesse des habitans. Ces insulaires sont d'origine norvégienne. Leur langue est un dialecte gothique, qui tient du danois, & sur-tout de l'anglois. Ils font du feu avec de la tourbe, parce qu'il n'y a point d'arbres sur toutes ces isles. Ils suivent la Religion Réformée. Ces isles sont bien peuplées, sur-tout le long des côtes, qui offrent plusieurs baies, anses, ports & mouillages.

Isles de Schettland.

Ports & mouillages.

L'isle Mainland a 17 lieues du nord au sud, & 5 lieues de l'est à l'ouest dans sa largeur moyenne. Cette isle seule renferme plus de ports & de mouillages que les isles d'Yelle, d'Unst, & toutes les autres ensemble. Je ne parlerai même que de ceux qui sont en l'isle de Mainland parce que les autres ne sont point fréquentés, ni propres à recevoir des bâtimens de toute gran-

(*a*) Ces isles appartiennent aux Anglois, ainsi que les Orcades.

deur, & qu'il faut absolument des pilotes du lieu pour y entrer. Commençons par la partie la plus méridionale de Mainland, où il y a un mouillage pour une escadre de dix vaisseaux au nord d'une petite isle nommée *Peerdeyl.* On entre dans cette rade par l'est ou l'ouest de cette isle qui est saine, & l'on mouille par 12 à 16 brasses d'eau fond de gros sable. Cette rade est à l'extrémité d'un cap très-élevé & très-reconnoissable, nommé le cap Swynburger-Hooft ou Swynburger-Head. Voilà ce qu'il y a de mieux dans cette partie. M. Bellin désigne trois autres mouillages entre ce cap & le cap Fitzul, qui est la pointe la plus occidentale des terres du sud, mais ces mouillages sont mauvais, parce qu'on y est exposé à des tourbillons de vent qui rendent la mer affreuse. Il n'y a que la baye de Quendale qui puisse recevoir de gros vaisseaux. Elle est grande & spacieuse ; on y entre & l'on en sort aisément. Dans toute la partie de l'ouest il n'y a qu'une rade propre à recevoir des bâtimens de guerre, c'est celle que les Hollandois nomment Magny-fiord. Son entrée est à 3 lieues au nord du cap, nommé Fitzul par les François, & *Nord-coest-head* par les Anglois. Dans la partie de l'est sont les meilleurs ports & mouillages. A quatre lieues dans le nord du cap Swynburger-Head on voit dans la partie de l'est une petite isle nommée *Connix-Eyl*, qui forme avec la grande terre une rade excellente qu'on appelle Hamborger-Haven, ou havre d'Hamborger. On y mouille par 8 brasses d'eau. On peut y entrer par le nord & par le ſud ; mais la meilleure rade de toutes les iſles de Schettland eſt celle de Laerwick, qui eſt environ quatre lieues plus nord que la dernière. La rade de Laerwick peut contenir une armée navale. Il y a chaque année vers la S. Jean cinq cens navires de pêche mouillés devant la ville de Laerwick. Les Hollandois qui font tous les ans la pêche du harang ſur ces côtes, nomment cette rade la grande Baye ou la baye de Braſſa-Sound, à cauſe de l'iſle de Braſſa qui forme la rade & la garantit des vents d'eſt. Pour entrer dans la rade de Braſſa par le ſud il faut laiſſer à ſtribord l'iſle de Braſſa à une encablure, & ſuivre le canal pour aller devant la ville de Laerwick, où l'on mouille par 5, 10 & 15 braſſes d'eau, ſelon que l'on veut aller plus ou moins près de terre & de la ville. Au nord de la ville ſont les veſtiges d'un fort qui battoit la rade, & qui a été détruit par M. Bart. On connoît facilement l'entrée de la rade de Laerwick par l'iſle Noſſ, qu'on nomme auſſi *Hang-Clif* ou *Hanglip*, à cauſe d'une roche remarquable qui eſt pendante dans la mer & forme une voûte naturelle. Cette iſle eſt à l'eſt de Braſſa, & ſert de reconnoiſſance pour le port de Laerwick ; la mer marne de 8 pieds dans cette rade aux grandes marées, & de 5 pieds dans les marées ordinaires. La marée n'eſt point forte dans la baye de Laerwick ; le flot y entre par le ſud de Braſſa, & le juſan porte au ſud par conſéquent. La marée eſt plus forte vers le nord du canal & la paſſe eſt plus difficile.

Voici comme on sort par le passage qu'on nomme *Nort-Sound*, & les précautions qu'on doit prendre. J'ai dit que le flux portoit au nord. Il faut appareiller de la rade de Laerwick aux deux tiers du flot. On fait route pour laisser à stribord, à un tiers de lieue, une petite isle qui se nomme Holm of Cruester, à cause des roches qui sont sous l'eau, à un demi-quart de lieue à l'ouest de cette isle. Lorsqu'on a doublé cette isle, & qu'elle reste à l'est-quart-sud-est, on n'a plus rien à craindre de ces roches qu'on nomme *Fabarre*. On continue sa route en suivant le milieu du canal, jusqu'à ce qu'on voye la passe se rétrécir ; alors, pour éviter un banc qui est dans le milieu du plus étroit de la passe, & sur lequel il n'y a de basse mer que 12 pieds d'eau, il faut passer de l'un ou de l'autre côté de ce banc : si l'on range le côté de l'isle Brassa on doit s'en tenir à deux encablures, mais si l'on range la côte de l'ouest on peut s'en approcher à une demi-encablure, parce qu'elle est très-saine ; en sortant de ce goulet on trouve la route plus large, mais on la voit bientôt se rétrécir encore plus qu'auparavant. Il s'agit alors de bien gouverner, & de ranger un islet ou un rocher qu'on nomme Scotland de préférence à la côte de Brassa, parce que dans cette partie l'isle Brassa est garnie de roches sous l'eau qui s'étendent à un tiers de lieue de terre. Lorsqu'on a doublé l'isle ou la roche Scotland & la pointe la plus septentrionale de Brassa, le passage devient très-beau entre les rochers nommés *les Freres*

& l'isle de *Green* qu'on laisse à basbord, & l'isle de Beoster au nord de Brassa qu'on laisse à stribord. Lorsqu'on a doublé l'isle de Beoster on est sorti de la passe de Nort-Sound, & on fait la route qui convient.

Au nord de l'isle de Brassa, entre cette isle & la pointe de Mainland, nommée *mull of Enveeck*, la mer forme une grande baye où l'on trouve quatre bons mouillages. On les nomme *Deals-Woe*, *Laxford-Woe*, *Wedbster-Woe* & *Catford-woe*. Je ne ferai point la description des trois premiers mouillages qui ne peuvent recevoir que des bâtimens marchands ou des corvettes; mais le mouillage de Catford-Woe, qui est le plus nord des quatre, est aussi le plus grand. Il forme trois enfoncemens qui fournissent trois bons ports; l'un est à l'est-sud-est, l'autre au ouest-nord-ouest, & le troisieme au nord. Ces ports sont propres pour tous vaisseaux de guerre, & l'on s'y trouve à l'abri de toutes sortes de vents. On y mouille depuis 3 jusqu'à 15 brasses d'eau, selon que l'on veut s'approcher de terre. Lorsque de la partie de l'est des isles de Schettland on veut venir dans l'un de ces trois ports, il faut reconnoître l'isle de Noss & la roche Hanglip, ensuite faire le nord-ouest pour passer entre les isles de Green qu'on laisse à stribord, & les roches nommées les Freres qu'on laisse à basbord. On peut aussi, suivant les vents, passer entre l'isle Green à basbord, & House-Stack & Glatness à stribord. Du cap de Swynburger-head à Noness, le flot porte au nord. De Noness à Brassa il porte au

Planche

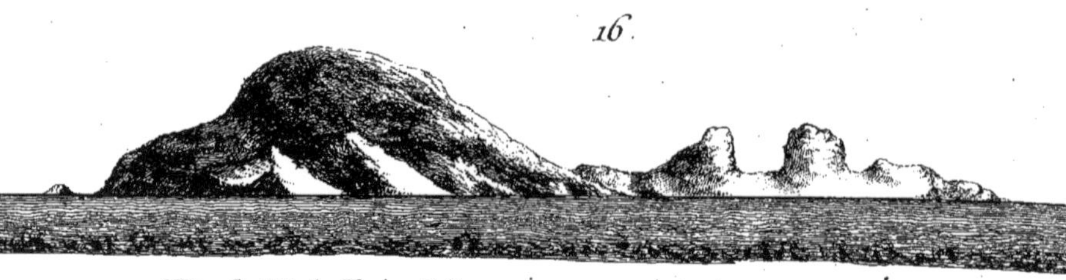

Vüe de l'Isle Faire hil au N.E. ¼ E. distance de deux Lieues.

Vüe de l'Isle Faire hil restant a l'Ouest et O. ¼ N.O. distance de 3. Lieues.

Vüe des Terres depuis Burger fiord jusqu'à Vapen fiord du O.S.O. au O. ¼ .S.O. distance de 8. Lieues.

Vüe d'une partie de l'Isle Unst restant au S.E. distance de 5. Lieues.

Vüe de la même partie restant au N. O. distance de 6. Lieues.

ſud, & de Braſſa à Catford-Woe il porte au ſud-ſud-eſt. Le juſant fait le contraire. Dans la partie de l'oueſt le flot porte au ſud depuis le cap Swynburger-head juſqu'à Scalluwa, & le juſant porte au nord.

Il me reſte à parler des ſondes pour l'attérage. J'ai déjà dit qu'en approchant ces iſles le fond qui eſt toûjours de gros ſable eſt plus mêlé de gravier & de pierres. Il y a tout à l'entour de ces iſles environ 75 braſſes d'eau à quatre lieues de terre. Il faut cependant obſerver que dans la partie de l'eſt, à cinq ou ſix lieues de terre, il y a trois ou quatre trous ou puits où l'on trouve plus de 100 braſſes d'eau. A quatre lieues dans le nord de l'iſle *Unſt*, la plus ſeptentrionale de Schettland, j'ai pris hauteur d'un beau tems dans ma ſeconde campagne, & j'ai connû que les terres les plus nord de l'iſle Unſt ſont par la latitude de 60 degrés 44 minutes. Etant à cinq lieues dans le nord-oueſt de l'iſle Unſt, j'en ai tiré une vûe très-remarquable. Voyez planche X, fig. 21 & 22. Les terres de Schettland ne ſont pas bien hautes; on peut cependant d'un beau tems les voir de dix lieues. A douze lieues à l'eſt de ces iſles, j'ai obſervé 18 degrés 42 minutes de variation. Je reprends la ſuite de mon Journal.

Planche X, fig. 21 & 22.

Variation.

Le 29 août, j'étois à quarante lieues des iſles de Ferro. La roche au nord de ces iſles qu'on nomme l'Evêque me reſtoit au ſud à la diſtance que je viens de marquer.

Le 30, les vents ont varié du ſud-eſt au ſud-oueſt,

foibles, la mer belle, & continuation de brume. J'ai tenu le plus près ftribord ou bas-bord amure felon les vents pour gagner fud, & tâcher de voir l'ifle Enkeuyfen, je faifois fonder de tems en tems, parce que j'appercevois des remoux ou lits de marée, mais je n'ai point trouvé de fond.

Le 31, les vents de la partie du fud petit frais; brume épaiffe, j'ordonnai à l'officier qui avoit le premier quart de nuit de refter en panne jufqu'au jour, & de changer la panne en cap fi le vent augmentoit. Les vents ayant paffé à l'eft avec violence, l'officier de quart vint me rendre compte qu'il avoit mis à la cape à la mifaine, parce qu'il ventoit beaucoup de l'eft & de l'eft-fud-eft, la mer très-groffe. Comme le vent étoit favorable pour retourner en France, que depuis plufieurs jours je n'avois aucune connoiffance des pêcheurs, que la faifon étoit très-avancée pour la pêche, & que les brumes continuelles ne me permettoient plus de rendre aucun fervice aux bâtimens françois, je fis gouverner à l'oueft-fud-oueft fous la mifaine, & les huniers pour paffer entre l'Iflande & les ifles de Fero, & de-là continuer ma route pour Breft.

Le premier feptembre, les vents toujours de la partie de l'eft, gros frais, j'obfervai à midi 60 degrés 8 minutes de latitude, & j'étois, fuivant mon eftime, par 15 degrés 58 minutes de différence occidentale du méridien de Paris. Le milieu du banc dont j'ai parlé

parlé au commencement de mon Journal, me restoit à l'ouest-quart-sud-ouest corrigé, distance de vingt-cinq lieues, & l'isle Rokol me restoit au sud, distance de quarante-cinq lieues. L'isle Rokol n'est marquée sur aucune carte françoise; mais je suis très-certain qu'elle existe. J'ai prié M. Bellin de la placer : elle est par 57 degrés 50 minutes de latitude, & par 16 degrés de longitude occidentale. Cette isle est très-saine; c'est un rocher escarpé, qui paroît de quatre lieues comme un navire, on l'a pris pour tel plusieurs fois. Dans l'est de l'isle Rokol, à un quart de lieue, il y a une roche sous l'eau qui brise. Par la même latitude à-peu près que l'isle Rokol, il y a une autre isle, mais qui est bien plus à l'ouest. C'est l'isle Bus; elle n'est pas non plus sur les cartes françoises, mais elle existe par 58 degrés de latitude, & 28 degrés de longitude occidentale. Dans la nuit du premier au deux nous vîmes une aurore boréale, qui nous donna le plus beau spectacle que peut offrir la Nature. Depuis dix heures du soir jusqu'à une heure après minuit, le ciel fut tout en feu dans l'hémisphere arctique, la nuit étoit aussi brillante que le jour, je lisois une lettre à minuit aussi facilement que je l'aurois fait à midi. Nous vîmes premierement une nuée lumineuse en forme d'arc, qui occupoit la moitié du firmament. Il en sortit vers onze heures des colonnes perpendiculaires à l'horison alternativement rouges & blanches. La partie supérieure de ces co-

Isle Rokol.

Isle Bus.

Aurore boréale.

lonnes se changea vers minuit en des gerbes de couleur de feu, du centre desquelles sortoient des traits ou des lances qui s'élevoient dans les airs comme des fusées ; enfin après minuit ces colonnes qui étoient arrangées avec la plus admirable symétrie, se confondirent tout-à-coup dans un brillant cahos de cônes, de pyramides, de rayons, de gerbes & de globes de feu. Ce feu céleste s'éteignit insensiblement ; mais la nuit fut lumineuse jusqu'au jour.

On a vu de ces phénomenes en divers siecles & en divers pays (a) ; mais quelle en est la cause ? Pourquoi se font-ils remarquer du côté du Nord ? Comme il est permis à tout le monde d'avoir son système, je hasarderai mes conjectures sur l'aurore boréale qu'on appelle ainsi à cause de sa ressemblance avec l'aurore pour la clarté, & qu'on nomme plus communément aujourd'hui lumiere septentrionale, parce qu'elle se fait remarquer dans la partie du nord ou du septentrion. 1°. Je crois que la matiere de l'aurore boréale est la même que celle des éclairs que les expériences

Cause de l'aurore boréale.

(a) M. Bernier, tome V, page 155.
Grég. de Tours, hist. de l'académie 1721.
Journal des savans 1724, page 568.
Calvisius, recueil d'observations, par MM. de l'acad. des sciences.
Abrégé de Gassendi, tome V. page 245.
31e vol. des transactions philosophiques, de la société royale de Londres.
Mémoires littéraires de la grande Bretagne.
Mémoires de Trévoux 1730, page 905.

ont démontré n'être autre que le feu électrique. 2°. Que le mouvement journalier de la terre forme un flux continuel de cette matiere vers les pôles ; ce qui fait que ce météore se montre vers les régions polaires. 3°. Qu'il faut une certaine densité, disposition & constitution de l'air pour rapprocher, rassembler & presser les particules ignées, au point que leur fermentation produise ces gerbes, ces fusées & ces colonnes lumineuses qui caractérisent l'aurore boréale. 4°. Que tous les mouvemens rapides, les variations latérales, les apparitions subites des colonnes *&c.* proviennent de leur attraction & répulsion mutuelle & alternative ; ce qui est une propriété naturelle du feu électrique, comme le prouvent l'attraction & la répulsion alternative des feuilles d'or & des autres corps légers par des globes électriques. 5°. Que si ce météore ne paroît que rarement, c'est parce que l'air a rarement la densité propre, & la constitution requise pour le produire.

Les plus célèbres Philosophes ont été long-tems dans l'opinion que l'élément du feu étoit répandu daus tous les êtres, & que les corps solides & fluides étoient abondamment imprégnés de particules ignées. Je crois que l'œther de *Newton*, le feu élémentaire pur de *Boerhaave*, & le feu électrique sont une même substance, dont les effets différens varient selon le degré de force, selon la puissance, l'impulsion, l'agitation, la direction, & la quantité des matieres assemblées ; c'est ainsi que l'impulsion du soleil sur cette substance produit le double bienfait de la lumiere & de la chaleur. C'est ainsi que le frottement d'un globe de verre en réunit une certaine quantité qui, ménagée & dirigée avec ordre, produit les différens phénomenes de l'électricité. C'est ainsi que le choc prompt & violent de deux corps durs donne des étincelles, & que le long frottement de deux corps quelconques excite & fait naître du feu élémentaire en assez grande quantité pour qu'il embrase & consume toute matiere combustible exposée à son activité.

Tonnerre. Lorsqu'une grande quantité de particules de feu est accumulée dans des nuages condensés qui les compriment & les rapprochent, alors les particules de feu venant à s'entrechoquer s'excitent, étincellent, s'allument, & rompent avec fracas la prison qui les resseroit. C'est le trait de l'éclair, & la voix du tonnerre, & si l'on voit l'éclair avant d'entendre le tonnerre, c'est que les vibrations qui partent de la matiere ignée ont plus de rapidité que les ondulations de l'air qui nous apportent le son.

Feux folets. Quand les nuages ont moins de densité, qu'ils parcourent plus légérement & plus librement l'espace, qu'ils ne renferment qu'une petite quantité de particules de feu, alors si elles se réunissent & se choquent, elles s'allument sans bruit ; elles produisent ces éclairs ſilentieux, & ces feux follets qui brillent un inſtant comme des étoiles (*a*), & rendent les ſoirées d'été ſi agréables & ſi éclatantes. Lorſque l'atmoſphere n'eſt point trop chargée de nuages, & qu'ils n'ont que la denſité néceſſaire pour ſoutenir & promener les particules de feu dans leur ſphere mutuelle d'attraction, ſans les retenir, ſans les accumuler & ſans les comprimer, alors il n'y a point d'exploſion; mais les particules du feu s'enflamment dans l'air libre, & ſelon les différentes figures, la différente conſiſtance de la matiere inflammable, & les divers réfractions de la lumiere, on voit ſous diverſes couleurs les globes, les pyramides, les rayons, les gerbes, & les colonnes de feu que l'on nomme aurore boreale ou lumiere ſeptentrionale. L'identité de la matiere des éclairs & de celle de l'électricité qu'on a découvert depuis peu, & dont les effets reſpectifs ſont bien différens, autoriſe beaucoup cette hypotèſe, que la lumiere du ſoleil, les éclairs, les phénomenes électriques, les opérations du feu commun, ne ſont que différens effets cauſés par la même ſubſtance différemment agitée, diſpoſée, modifiée & circonſtanciée. Ces aurores boreales ſont d'une grande reſſource pour les habitans des régions polaires. Il ſemble que

Aurore boréale.

(*a*) Sepe etiam ſtellas cœlo impendente videbis
Precipites cœlo labi, noctiſque per umbras
Flammarum longos à tergo albeſcere tractus.
Virg. Georg. lib. I. v. 365.

la nature veuille les dédommager de l'abſence du ſoleil & de la perte de la lumiere.

Le 2 ſeptembre ayant gouverné depuis 24 heures au ſud-oueſt, les vents variables du ſud-eſt au nord par grains, j'obſervai à midi 58 degrés 2 minntes de latitude, & je m'eſtimois par 17 degrés 10 minutes de longitude occidentale. J'étois trop oueſt pour avoir connoiſſance de l'iſle Rokol, qui ne peut être vûe que de quatre ou cinq lieues. Ne voyant point cette iſle, je conjecturai que mon point étoit bon, car ſi j'avois été dix lieues plus eſt que je n'étois, j'aurois vû Rokol, & ſi au contraire j'avois été dix lieues plus oueſt que mon eſtime, j'aurois eû en paſſant connoiſſance de l'iſle d'Iſlande.

Le 3, le 4, le 5 & le 6 les vents varierent & ſoufflerent alternativement de la partie du ſud & de la partie de l'oueſt, très-gros frais & la mer mâle. Lorſqu'ils ſouffloient de l'oueſt je prenois la bordée du ſud, & lorſqu'ils paſſoient au ſud je prenois celle de l'oueſt pour me mettre à portée de profiter des vents d'oueſt & de ſud-oueſt. Le 6 à midi les vents ſauterent de l'oueſt au nord-oueſt dans un grain. J'obſervai 51 degrés 10 minutes de latitude, & mon eſtime me mettoit par 16 degrés 52 minutes de longitude. Après avoir pris hauteur je fis gouverner au ſud-quart-ſud-oueſt, pour me mettre avant la nuit dans le ſud des roches nommées *Braſil*, que les cartes hollandoiſes placent par 52 degrés de latitude, & celles de M. Bellin par 51 degrés. A 6

Braſil.

heures, les vents toûjours nord-oueſt, gros frais, ayant coupé la latitude de *Braſil*, je fis gouverner au ſud-ſud-eſt, & je pris ſucceſſivement un peu plus de l'eſt à meſure que je gagnois au ſud.

Le 7 à midi j'obſervai 48 degrés 50 minutes de hauteur polaire, & l'iſle d'Oueſſant me reſtoit à l'eſt 4 degrés ſud, diſtance de 78 lieues.

Le 8 à huit heures du matin, ayant toûjours gouverné à l'eſt-ſud-eſt depuis la hauteur, les vents de la partie de l'oueſt, bon frais, je mis le cap au ſud-eſt-quart-d'eſt, parce que les vents tomberent au ſud-oueſt, qu'ils pouvoient venir au ſud, & qu'il falloit ſe défier des courans de la Manche, c'eſt-à-dire des flots qui ſont plus forts que les juſans : j'avois ſondé à quatre heures du matin, j'avois trouvé 100 braſſes d'eau fond de ſable rougeâtre & morceaux briſés de divers coquillages brillans. J'obſervai à midi 48 degrés 21 minutes de latitude, & l'iſle d'Oueſſant me reſtoit à l'eſt 4 degrés nord, diſtance de 27 lieues. Je continuai à gouverner au ſud-eſt quart-eſt juſqu'à 4 heures & demie que je fis ſonder. Je trouvai 90 braſſes d'eau fond de ſable moins rougeâtre, & des morceaux de coquilles moins briſés que dans la ſonde du matin. Cette ſonde & l'eſtime me mettoient dans l'oueſt-quart-ſud-oueſt d'Oueſſant, diſtance de 18 à 20 lieues. A cinq heures, les vents toûjours au ſud-oueſt, gros frais, avec de la brume, je fis prendre les ris dans les huniers, & je mis le cap au oueſt-nord-oueſt. A ſept

Sonde à l'atterage.

Sonde.

heures les vents vinrent à l'oueſt, le tems ſe radoucit, & le ciel s'éclaircit. Je mis le cap au nord pour me tenir de bout à la marée qui alloit de juſant ſuivant mon eſtime, & à dix heures je revirai au ſud-ſud-oueſt pour préſenter la proue au flot. A l'ouvert de l'Iroiſe les marées courent ſud-oueſt & nord-eſt.

Le 9, à deux heures du matin je ſondai, & ayant trouvé même braſſiage & même fond, je fis gouverner à l'eſt-quart-ſud-eſt, les vents au oueſt-nord-oueſt, très-frais, la mer belle, mais le tems couvert, & l'horiſon borné par des grains de pluie que les vents faiſoient paſſer devant nous. A midi j'eus connoiſſance de l'iſle d'Oueſſant qui reſtoit au nord-eſt, diſtance de 5 lieues; il y avoit une heure de flot, je forçai de voiles pour profiter de la marée, & je mouillai dans la rade de Breſt à cinq heures.

Ainſi s'eſt terminée cette premiere Campagne, dans laquelle j'ai fait entrer quelques obſervations de mon ſecond Voyage; mais comme il ne m'a pas été poſſible de les placer toutes, je les joins ici en forme de ſupplément aux quatre parties qu'on vient de lire.

SUPPLÉMENT

SUPPLEMENT

AUX QUATRE PARTIES DE LA RELATION

D'UN VOYAGE DANS LA MER DU NORD.

CONTENANT le retour en Islande, le passage entre les isles aux Oiseaux, une description abrégée du Groënland, la description du port de Brandsoom en Norvege, des remarques sur les sondes, & la navigation du Dogre-banc, *la relâche au port d'Ostende, des notes sur l'entrée de ce port & celui de Dunkerque, enfin le retour à Brest par la Manche.*

AUSSITÔT que la frégate la Folle fut désarmée, je partis pour aller rendre compte de ma mission à M. le duc de Praslin. Ce ministre me dit qu'il falloit me disposer à faire au printems le même voyage. Je lui demandai par préférence à une frégate la Corvette l'Hyrondelle de seize canons de six, & armée de cent vingt hommes d'équipage, parce que les qualités de ce bâtiment le rendoient plus propre qu'un autre aux opérations que je me proposois de faire. Je me rendis à Brest à la fin d'avril pour commencer mon armement.

Le 10 mai j'étois en rade, & je n'attendois que le vent favorable pour mettre à la voile. M. le duc de

Praslin eut la bonté de m'accorder les deux premiers officiers de mon état-major de la frégate la Folle ; Mrs. Duchatel & le chevalier Ferron, deux sujets pleins de zèle & de talens ; M. le chevalier Bernard de Marigny officier d'un mérite distingué, donna des preuves de son zèle en se joignant à nous. Il venoit de commander un bâtiment du Roi, & les fatigues d'une nouvelle campagne très-dure ne le rebuterent point. J'eus pour quatrieme officier M. Soyer de Vaucouleur, capitaine de Brulot, qui a commandé plusieurs Corsaires, & qui a la meilleure volonté.

Départ de Brest.

Je partis de Brest le 15 de mai 1768, par un vent d'est foible ; mon intention étoit de passer par le canal S. Georges, mais les vents qui vinrent au nord, bon frais, & soufflerent plusieurs jours de cette partie, détruisirent mon projet : je passai à l'ouest d'Irlande ; comme dans mon premier voyage ; je serrai cependant un peu plus la côte, à cause des bancs & hauts fonds dont j'ai parlé.

Il ne nous arriva rien d'intéressant jusqu'au 27 à huit heures du soir. Les vents étoient de la partie de l'ouest frais, la mer grosse ; nous gouvernions au nord ; nous apperçûmes devant nous un lit de marée très-marqué par des goëmons & des écumes ; nous nous trouvâmes bientôt au milieu, & la mer mâle par-tout ailleurs, étoit à l'endroit où nous étions unie comme dans un étang ; on voyoit seulement la surface de la mer frémir & bouillonner, & le courant nous portoit avec rapidité au vent, c'eſt-à-dire à l'oueſt. Je fis promptement mettre en panne & ſonder; nous n'eûmes point de fond, mais je ſuis perſuadé que nous étions dans le voiſinage de quelques roches, d'autant plus que mon eſtime me mettoit alors entre l'iſle de Rokol & les iſles de S. Kildas : il y a mouillage par 18 braſſes d'eau au ſud-eſt, corrigé de la plus grande des iſles de S. Kildas, & il y a paſſage entre la même & celle qui eſt dans le nord-quart-nord-eſt. En cas de beſoin on peut auſſi mouiller dans ce canal par 26 braſſes d'eau fond de gravier & cailloux.

Iſles de Saint-Kildas.

Le 31, faiſant route au nord pour attaquer la terre, le cap Heckla me reſtant par eſtime au nord-oueſt, corrigé diſtance de 20 lieues, nous fûmes aſſaillis d'un coup de vent furieux de la partie de l'eſt, avec une brume épaiſſe. Comme le tems n'étoit point propre pour aller chercher la terre, & que j'avois beaucoup de chemin à faire à l'oueſt, je pris le parti de courir vent-arriere le cap au oueſt-nord-oueſt, & nord-oueſt-quart-d'oueſt, en attendant que le tems ſe radoucît & que le ciel s'éclaircît. Mon intention étoit, ſuppoſé que le tems ne changeât point, de mettre à la cape le bord au large, lorſque je me trouverois par la longitude eſtimée des iſles aux Oiſeaux.

Le premier de Juin le vent tomba vers le ſoir, mais la brume étoit toûjours épaiſſe, ce qui me fit continuer la même route à petites voiles.

Le 2 au matin, le ciel étant un peu éclairci, le

vent toûjours de la partie de l'eſt, je fis gouverner au nord-eſt-quart-de-nord pour tacher d'avoir connoiſſance de terre. J'obſervai à midi 63 degrés 20 minutes de latitude, & je continuai à faire la même route; enfin à deux heures après midi nous découvrîmes les iſles aux Oiſeaux. Je relevai celle qui eſt la plus proche de terre, au nord-eſt-quart-d'eſt, diſtance de 4 lieues; & une autre à l'oueſt de la premiere qui reſtoit au nord-oueſt. Je continuai à courir quelque tems au nord-eſt-quart de nord pour m'approcher de la côte, enſuite j'arrivai au nord-quart-nord-eſt pour donner dans les iſles, & paſſer entre la premiere & la ſeconde du côté de la terre ferme. Il y a deux bonnes lieues de diſtance entre ces deux iſles. J'ai trouvé dans ce paſſage des lits & des ras ou remoux de marée qui faiſoient un bruit affreux. La direction ou le cours des marées eſt nord-oueſt & ſud-eſt corrigé. Au nord des deux iſles, au milieu deſquelles je faiſois route, j'apperçus le paſſage entre la terre & la premiere iſle; il me parut avoir une petite lieue de largeur; il ne faut y donner qu'avec un vent frais & favorable à cauſe des courans. Un peu plus nord que les deux mêmes iſles j'eus connoiſſance de trois autres iſles au large, qui me parurent être dans l'oueſt-quart-nord-oueſt des premieres. Toutes ces iſles ne ſont autres choſes que des rochers eſcarpés & inacceſſibles. J'ai tiré la vûe des deux entre leſquelles j'ai paſſé. Voyez planche XI. Je continuai ma route au nord-quart-nord-eſt pour aller cher-

Paſſage des iſles aux Oiſeaux.

Planche XI.

Vüe du Mont Jeugel restant au Sud distance de 12. Lieues.

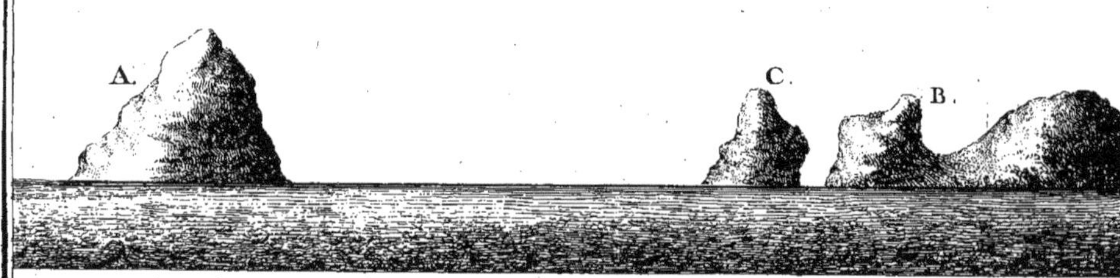

Vue de l'Isle aux Oiseaux A, restant au N.O. distance de 2. Lieues et de la Pointe du S.O. d'Islande B restant au N.N.O. distance de 3. Lieues. L'Isle A. est a 2½ Lieues de la Terre. C premiere Isle aux Oiseaux.

cher le mont Jeugle, & me rendre ensuite sous la pointe de Bredervick, où tous les pêcheurs étoient rassemblés.

Le 4 je mouillai à Patrixfiord, où je restai quelques jours pour donner aux bâtimens françois tous les secours dont ils avoient besoin. Je ne parle pas ici des relevemens du mouillage ni de rien de ce qui peut le concerner, en ayant déjà fait mention. Après avoir passé huit jours à Patrix-fiord, je me disposai à partir pour aller à Bergues en Norvége prendre un mois de vivres; mais avant de quitter la partie occidentale d'Islande, il est à propos de dire quelque chose du Groenland, la terre la plus voisine d'Islande.

Description du Groenland.

Nous n'avons du Groenland que des connoissances imparfaites. Quelques Géographes l'ont regardé jusqu'à présent comme une isle, d'autres le regardent comme une péninsule. Ce pays fut découvert par le nommé *Gunbiorn*, & plus particulierement reconnu en 982 par *Eric*, surnommé *la Tête Rouge*, qui y passa d'Islande. Les paturages verds qu'il y trouva lui firent donner à cette terre le nom de *Groenland*, qui signifie terre verte. Il y vit des Sauvages qui sans doute y avoient passé de l'Amérique, mais sur l'origine desquels il n'y a rien de certain. Le Roi de Norvége instruit de cette découverte, y fit passer une Colonie & des Missionnaires. Les Groenlandois se révolterent en 1256, contre le roi Magnus; mais ce prince assisté des Danois les remit sous sa puissance en 1261. La peste noire qui ravagea tout le nord interrompit la navigation du Groenland, & pendant plus de deux siecles ce pays fut entierement oublié. Martin Frobisher sortit des ports de l'Angleterre en 1576 pour tenter de connoître le Groënland, mais les glaces ne lui permirent d'y aborder qu'en 1577. Il donna son nom à un détroit sous le 63e degré de latitude. En 1585, Jean Davis alla plus nord, & donna aussi son nom au détroit qu'il découvrit. Christian IV. y envoya en 1605 trois vaisseaux qui établirent un commerce avec les Groënlandois, & en ramenerent cinq à Copenhague, qui y moururent de chagrin d'être expatriés; il y renvoya cinq vaisseaux l'année suivante, & en 1616, ce prince fit partir le capitaine Munck avec deux vaisseaux pour la baie de Hudson, afin de chercher un passage par le nord-ouest. C'est le capitaine Munck qui donna le nom de Farewell (qui en anglois veut dire *Adieu*) au cap qui forme la pointe méridionale du Groënland. En 1636, des négocians de Copenhague envoyerent deux vaisseaux au détroit de Davis, qui commercerent avec les Groënlandois, & rapporterent beaucoup de poudre d'or. On ne sait pour quelle raison ce commerce fut encore abandonné par les Danois jusqu'en 1718 qu'un prêtre plein de zèle obtint du Roi de passer avec toute sa famille en Groënland. Il se nommoit Egede, & tous les Groënlandois auxquels il prêchoit l'Evangile avoient pour lui la plus grande vénération. En 1731, le roi de Dannemarck fit revenir tous les sujets qu'il avoit en Groënland. Egede seul y resta avec sa famille. Le Roi y renvoya en 1734, & aujourd'hui le commerce du Groënland se fait par la Compagnie générale de Copenhague, qui y envoie tous les ans trois vaisseaux.

Les côtes du Groënland sont d'un difficile accès, à cause des écueils & des glaces qui l'environnent. On prétend même que le détroit de Forbisher est aujourd'hui si rempli de glace, qu'on doute qu'il ait existé. La partie orientale du Groënland, qui est à l'opposite d'Islande, est tout-à-fait inaccessible par les glaçons qui viennent du côté de Spitzbergues, & qui bouchent même le passage qui est entre l'Islande & le Groënland, lequel a environ trente-cinq lieues de largeur : c'est ce qu'on a vu en 1766 ; les bâtimens pêcheurs (on l'a déja dit) ne purent jamais doubler le cap de nord.

Le climat du Groënland est froid, & le tems y est très-inconstant & variable. Dans les vallées, le terrein consiste en marais & en terre de tourbes, & les montagnes qui sont des rochers escarpés, sont couvertes de neige & de glaces : on n'y trouve pas plus d'arbres qu'en Islande. Il y a en Groënland plusieurs montagnes d'amiante. On y trouve des lievres blancs très-petits, & des rennes, mais qui n'ont point de rapport avec les rennes des Lapons. Les renards y sont gris, blancs & bleus ; on y voit des ours, mais qui ne ressemblent point aux ours des autres pays, ils ont plus de souplesse & de légereté. On n'y voit d'autres oiseaux terrestres que celui que les Islandois nomment *riper*, qui se niche dans les plus hauts rochers; mais il y a, comme en Islande, beaucoup d'oiseaux aquatiques. Les rivieres sont pleines de truites & de saumons, & l'on pêche sur les côtes beaucoup de poissons & de baleines.

Les Groënlandois sont petits de taille, gros & gras. Ils ont tous des cheveux noirs, & le visage rouge & brun; ils sont sujets aux rhumes de cerveau, au scorbut, aux maux des yeux & aux maladies de poitrine. Ils ne connoissent ni médecins, ni chirurgiens; ils ont des prêtres qui leur tiennent lieu de devins, de philosophes & de médecins, pour lesquels ils ont beaucoup de respect, & qu'ils interrogent souvent. La langue des Groënlandois a beaucoup de rapport avec celle des Esquimaux, qui habitent dans l'Amérique septentrionale. Leurs habits sont faits de plumes d'oiseaux, de peaux de rennes & de loups marins cousus avec des boyaux. Les Groënlandois ont des cabanes pour l'hiver & des tentes pour l'été; leurs cabanes sont comme celles des pauvres Islandois; les tentes pour l'été sont faites de peaux de loups marins. Les Groënlandois ne font qu'un repas; c'est le soir. Ils se nourrissent de lievres, de chevreuils, de chiens marins, de différens oiseaux & de poissons; ils ne boivent que de l'eau. Il ne faut chercher ni arts, ni ni ſciences chez les Groënlandois; leur commerce conſiſte en lard, en barbes de baleines, en cornes de licornes, en peaux de chevreuil, de rennes, de chiens marins & de renards. Ils achetent en échange des meubles, des toiles, & autres choſes néceſſaires. Ces peuples ont une eſpece de religion, ils reconnoiſſent un Etre ſuprême. Ils croient que les ames des morts montent au ciel, & y vont à la chaſſe, & que les corps reſtent pourrir en terre. Les femmes ſont enterrées vivantes, lorſqu'on voit qu'elles ne ſauroient vivre long-tems.

Voilà ce qu'il y a de plus intéreſſant de l'hiſtoire, & des mœurs des Groënlandois, il me reſte à parler de la conſtruction de leurs bateaux de pêche & de leur façon de pêcher ou de naviger. La chaſſe & la pêche ſont toute l'occupation des Groënlandois. Ils pêchent dans les lacs, les rivieres & les ruiſſeaux; mais la principale pêche ſe fait en mer, où ils prennent des baleines, des licornes, des chiens marins, des morues & autres poiſſons qui abondent ſur leurs côtes. Leurs hameçons étoient autrefois d'os, mais ils en ont aujourd'hui de fer que les Danois leur apportent. Leurs filets ſont faits avec de petites lames minces de barbes de baleines, & ils font des éperviers avec des nerfs de daims tricotés. Le harpon, dont ils ſe ſervent pour percer les baleines, eſt garni d'une pointe d'os crochue, ou d'une pierre pointue. Quelques-uns ont auſſi des harpons de fer, qu'ils achetent des Danois pour de l'huile ou de la graiſſe.

Comme ces pauvres gens ont peu de bois & de fer, ils ont la précaution d'attacher au milieu de chaque harpon qu'ils jettent, une vessie de chien de mer pleine d'air, afin que si le harpon n'atteint pas le poisson ou qu'il s'en détache, il puisse flotter sur l'eau & ne soit point perdu. Ils attachent aussi au bout des harpons des vessies ou balons pour empêcher le poisson qui est percé de plonger : cette ruse étoit connue des pêcheurs de l'océan atlantique, car Opien, dans son Halieuticon, en fait mention, liv. V. v. 177. « Ils » lâchent, dit-il, d'abord après le poisson qui se » plonge les gros sacs soufflés par les hommes avec » leur haleine & attachés à une corde ». Les fleches dont les Groënlandois se servent, sont également armées d'os ou de pierres pointues, & ils s'exercent à tirer l'arc dès leur plus tendre enfance. Les habitans de l'isle nouvelle, où M. de Bougainville vient d'aborder dernierement dans la mer du sud, n'ayant point de fer, se servent aussi d'os pour garnir leurs fleches, d'écailles ou coquillages pour faire des couteaux, & de pierres tranchantes pour couper des arbres ; ces exemples prouvent que la nécessité est la mere de l'industrie, & que cette industrie est par-tout la même. Les canots ou bateaux dans lesquels s'embarquent les Groënlandois pour la pêche, sont faits de quelques perches de bois liées par des traverses attachées de distance en distance avec des lames minces de barbes de baleines. Ils sont garnis, doublés, ou revêtus de peaux de chiens marins, bien cousues avec des nerfs au-lieu de fil, & les coutures sont bien graissées pour que l'eau ne pénetre point. Ces canots sont de différentes grandeurs. Il y en a qui peuvent porter vingt personnes, armes & bagages, & une bonne quantité de poisson ou de graisse de baleine. Ces canots ont une voile faite de boyaux de baleine fendus, séchés & cousus les uns à côté des autres. Les historiens nous apprennent que cette façon de naviguer étoit commune à tous les peuples qu'on a découverts. Scheffer en cite plusieurs preuves dans son ouvrage *De militiâ navali veterum*. On peut aussi consulter le *Musæum reg. Danicum*, & les auteurs que M. *Hasæus* rapporte dans sa dissertation *De Leviathan Jobi*. J'ai dit que les Groënlandois n'avoient ni arts ni sciences. En effet ils ne savent compter que jusqu'à vingt-un. Ils supputent par les lunes. C'est par le cours de cette planete qu'ils calculent le retour des baleines & autres poissons sur leur côte.

Le 15 de juin, j'appareillai de Patrixfiord pour aller en Norvege ; c'est dans cette traversée que je sondai, & que je fis sur les isles de Schettland & les Orcades, les diverses observations dont j'ai fait part au lecteur. Je passai au sud de l'isle Fairehil, dans le petit entonnoir, & je dirigeai ensuite ma route vers les côtes de Norvege.

Le premier juillet au matin j'eus connoissance de

Attérage en Norvege.

terre. Je pris hauteur à midi à 5 lieues dans le nord corrigé des roches ou isles que l'on nomme *Utsires*, & je trouvai que ces isles sont placées trop sud de 15 minutes sur le Neptune. On trouve sur les *Utsires* des pilotes pour les lits de Bergues. Je n'entrerai dans aucun autre détail sur l'attérage de cette côte. J'ai dit là-dessus tout ce qu'il est nécessaire de savoir. A deux heures après midi me trouvant à 3 lieues environ de terre, il me vint des pilotes norvégiens qui me firent louvoyer pour gagner la passe de Rooth-Holm (*a*). Mais le vent qui souffloit foiblement de la partie du nord tomba tout-à-fait le soir, & nous eûmes calme toute la nuit.

Utsires ou Udcires.

Le 2, à trois heures du matin, le vent s'éleva de la partie du nord-est foible, avec une brume épaisse; nous louvoyâmes sous la terre, nous tenant toûjours à une lieue de la côte, & à dix heures le tems étant éclairci nous donnâmes dans ladite passe de Rooth-Holm, où j'avois donné l'année précédente; mais au lieu de nous enfoncer jusqu'à Ingeson, comme nous avions fait dans notre premier voyage, nous mouillâmes au port de Brandsoom qui est à l'ouest d'Ingeson. Ce mouillage est bien meilleur que celui d'Ingeson; il est plus grand, & l'entrée en est plus facile. On connoît l'entrée de Brandsoom à une isle qui est comme un pâté à l'ouverture du port & qui est très-saine. Trois vaisseaux de guerre y peuvent mouiller en sûreté, la mer y est toûjours belle, & l'on n'y sent pas le vent. Ce

Port de Brandsoom.

(*a*) La passe de Rootholm ou de Solmensiord.

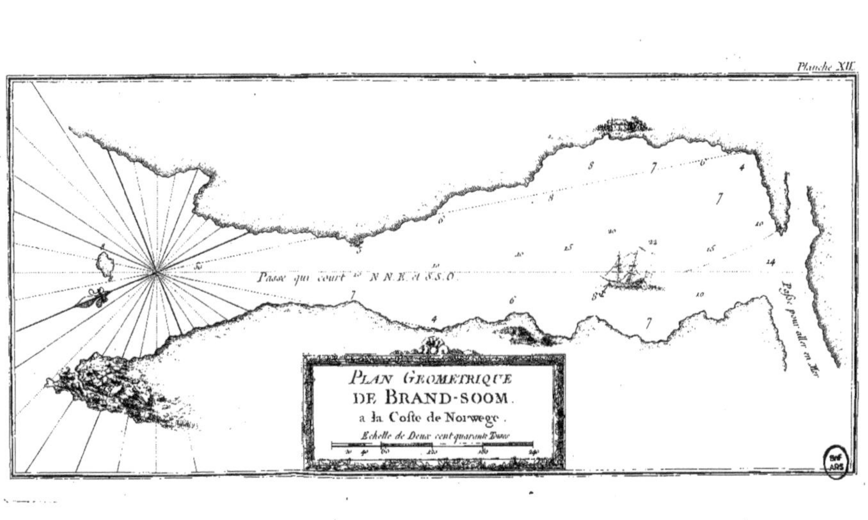
Planche XII.
PLAN GEOMETRIQUE
DE BRAND-SOOM,
a la Coste de Norwege.
Echelle de Deux cent quarante Toises
Passe qui court N.N.E. et S.S.O.
Passe pour aller en Mer

port ou ce bassin est à stribord en passant par le nord de Bomel; on y entre avec des vents depuis le nord-ouest jusqu'à l'est. J'en ai levé le plan géométrique. Voyez planche XII. On mouille une ancre par 15 à 20 brasses d'eau fond de gravier, & l'on envoye à terre une petite ancre avec un grelin de l'arriere au sud de la premiere. Planche XII.

Le 3 les vents étant au sud frais avec de la pluie & le ciel couvert, j'appareillai à deux heures après midi de Brandsoom pour monter à Bergues. Après avoir fait 3 ou 4 lieues il vint du calme, & nous fûmes obligés de nous faire remorquer par tous nos bâtimens à rames pour gagner un mouillage.

Le 4 au matin le vent s'étant levé de la partie du sud-sud-ouest foible, je mis sous voile, & je mouillai à Bergues à deux heures après midi dans le même endroit où étoit la frégate la Folle. Après avoir pris les vivres & les rafraichissemens dont j'avois besoin je partis de Bergues le 24 juillet, & je sortis par la passe du nord comme l'année précédente, pour aller en islande.

Attérage d'Islande.

Le 30 au soir m'estimant à 12 lieues dans le sud-est de Langernes, les vents au nord avec de la brume, je fis sonder; mais je ne trouvai point le fond, & je mis en panne. J'ordonnai aux officiers de quart de sonder toutes les deux heures pendant la brume, & de faire route au ouest-nord-ouest si elle se dissipoit assez pour donner trois lieues d'horison.

Le 31 à 5 heures du matin nous vîmes la terre. Je

continuai à courir pour m'en approcher, mais le vent souffloit foiblement de la partie du nord. A midi j'observai la hauteur du pôle que je trouvai de 66 degrés 26 minutes, & je tirai une vûe de terre très-remarquable. Voyez planche X, fig. 20. Nous vîmes après midi plusieurs dogres ou bâtimens de pêche, & tous ceux à qui je parlai me dirent qu'il n'y avoit rien de nouveau dans la flotte. Nous eûmes 7 à 8 jours de beau tems que j'employai à sonder & à faire des relevemens.

Planche X. p. 159.

Le 10 août voyant apparence de mauvais tems je m'éloignai de la côte.

Le 12 & le 13 nous essuyâmes un coup de vent de sud-ouest; la mer étoit terrible. Je restai toûjours à la cape à la grande voile avec le petit focq, & sous cette voilnre mon bâtiment se comporta parfaitement. Depuis le 13 nous eûmes toûjours des vents variables & de la brume; enfin le 19 voyant que le tems ne s'éclaircissoit pas, & que la saison étoit avancée, je fis route pour aller reconnoître les isles de Schettland, je pris hauteur sur ces isles & j'en tirai une vûe. Voyez planche X, fig. 21 & 22.

Planche X. fig. 21 & 22. p. 159.

Cap Boquenefs.

Le 24 étant à 15 lieues par estime dans l'est-nord-est de Boquenefs je fis sonder, & je trouvai 80 brasses d'eau fond de vase. Je courus 4 lieues au ouest-nord-ouest, & fis donner un second coup de plomb; je trouvai 70 brasses d'eau fond de sable vasard. Je continuai au même air de vent, & m'estimant à 4 lieues dans l'est du milieu du cap Boquenefs, je n'en eus aucune connoiffance; je fondai, & je trouvai 50 braffes d'eau fond de fable fin mêlé de vafe; alors je fis gouverner au fud-quart-fud-eft pour aller chercher le *Dogre Banc*, les vents au nord très-frais. Comme l'horifon étoit éclairé, que le cap Boquenefs eft très-haut, & que j'avois parlé à des pêcheurs de harangs qui m'avoient dit qu'ils étoient à 12 lieues de terre, je fuis étonné de n'avoir point vû le cap Boquenefs, & j'ai lieu de croire qu'il eft plus nord qu'il n'eft marqué fur la carte françoife. Cette carte le place par 57 degrés 32 minutes de latitude, mais la carte hollandoife le met par 57 degrés 58 minutes. A la pointe de Boquenefs eft un petit banc que les Hollandois nomment *Vatterburg*, qui fignifie *queüe de Rat*, à caufe de fa figure. On trouve 3 braffes d'eau fur ce banc de baffe mer: il y a un paffage d'une lieue entre ce banc & la terre. Au fud de Boquennefs on voit une ifle & plufieurs roches, & à terre de ces roches on peut mouiller par 10 braffes d'eau à l'abri de tous les vents de la partie du nord. Les courans portent au fud le long de ces côtes.

Remarques fur le cap.

Le 26 à midi j'eus la fonde des Accords du *Dogre Banc*, & depuis cet inftant je ne ceffai de fonder jufqu'aux bancs d'Oftende. Comme le détail des différentes routes que j'ai faites en fondant feroit long & ennuyeux, j'indiquerai feulement les fondes & leurs points de latitude & de longitude.

TABLE des sondes, depuis l'extrémité du Nord-Ouest du Dogre banc jusqu'aux bancs d'Ostende.

	Brasses.	Qualités du fond.	Latitude. deg.	Latitude. min.	Long. mér. de P. occident.	min.
	26	Sable gris, taché de noir, ...	55	9	00	59
	21	même fond, ...	55	3	00	55
	20	même fond, ...	54	59	00	52
	18	cailloux & petites pierres de diverses couleurs, ..	54	56	00	50
	14	même fond, ...	54	53	..	47
	15	même fond, ...	54	50	..	39
	18	même fond, ...	54	53	..	34
	18	même fond, ...	54	54	..	19
	18	même fond, ...	54	48	..	21
Variation observée, 19 deg.	17	même fond, ...	54	44	..	14
	15	même fond, ...	54	39	..	7
	15	même fond, ...	54	35	orient.	2
	14	sable fin & petites coquilles, ...	54	33	ori.	6
	12	sable fin, ...	54	31	..	9
	18	même fond & extrémité du Dogre banc, ...	54	30	..	18
	26	sable fin blanc & coquilles, ...	54	20	..	33
	28	gros sable & petits cailloux, ...	54	7	..	41
	24	même fond, ...	53	54	..	40
	31	sable vasard, ...	53	50	..	40
	22	même fond, ...	53	47	..	39
	20	même fond, ...	53	35	..	32
	18	sable fin rouge, taché de noir, ...	53	17	..	23
	25	même fond, ...	53	10	..	21
	20	même fond, ...	53	7	..	21
	17	sable fin blanc (*banc blanc*), ...	53	5	..	20
	22	même fond, ...	53	0	..	18
	28	sable fin gris, ...	52	46	..	15
	25	sable rouge & gris, ...	52	26	..	46
	17	même fond, ...	52	14	..	47
	19	sable fin, ...	52	10	..	40
	20	sable & petits graviers, ...	51	50	..	28

Je

Je traversai le Dogre-Banc & les bancs qui sont au sud de ce premier, en prenant d'heure en heure les sondes dont on vient de voir la table. Les vaisseaux qui sont dans le cas de passer le Dogre-Banc, doivent prendre, autant qu'il est possible, par le milieu du banc; car dans la partie de l'est les courans sont violens & portent dans le Categat ou la mer de Dannemarck; & dans la partie de l'ouest il n'y a que 8 ou 9 brasses d'eau; ce qui occasionne souvent des coups de mer d'autant plus dangereux, que le fond est de gros gravier & petits cailloux. Au sud du milieu du Dogre-Banc on trouve 25 & 30 brasses d'eau fond de sable vasard. A 10 lieues au sud du milieu du Dogre-Banc est le *Witte-Water* ou le *Banc-Blanc*; le fond est de sable blanc, & il y a 16 à 17 brasses d'eau. A 5 lieues à l'est de ce banc on trouve le banc de *Welle* dont le fond est de pierres; il y a sur ce banc 18 brasses d'eau. A l'ouest de ce banc, le fond qui est de sable jaune & de gravier noir augmente jusqu'à 22 brasses d'eau. Un peu plus bas sont les bancs de Lemmon très-dangereux, il n'y a de basse mer sur ces bancs qu'une brasse ou 5 pieds d'eau. Il s'y perd tous les ans bien des bâtimens. Le milieu de Lemmon est à environ 7 lieues dans le nord-nord-est corrigé d'Yarmouth. Il faut aussi prendre garde aux bancs d'Yarmourth. On voit par tout ce que je viens de dire que la partie de l'ouest du Dogre-Banc est très-périlleuse. On mouille sur le Dogre-Banc de calme pour étaler des marées. Les batteaux

Instruction pour le Dogre-banc.

pêcheurs de Dunkerque, qui ſont des bâtimens pontés d'environ 35 tonneaux, y mouillent en tout tems; ils mettent 300 braſſes de cable dehors, & eſſuyent ſouvent de furieux coups de vents à l'ancre. Il en périt quelquefois par un accident : le voici. Les bâtimens par le mouvement du tangage courent ſur leur cable, viennent enſuite en travers, & lorſque le cable paſſe ſous la quille les bâtimens ſont quelques fois renverſés.

Remarques ſur l'entrée d'Oſtende.

Le 28 août à trois heures du matin ayant ſondé & trouvé 24 braſſes d'eau fond de ſable, & étant en dedans des premiers bancs de Flandres, je mouillai une petite ancre pour étaler la marée. A 6 heures les vents à l'eſt-ſud-eſt frais, je mis ſous voile & je fis route au ſud-ſud-oueſt. A 9 heures j'eus connoiſſance des tours d'Oſtende, qui reſtoient au ſud-quart-ſud-oueſt diſtance de 5 lieues. Je continuai à courir au ſud-ſud-oueſt, parce que le flot porte à l'eſt avec force. A midi les tours me reſtoient au ſud à deux tiers de lieue. Je tirai trois coups de canon pour appeller les pilotes qui tarderent à venir à bord, & à midi & demi je donnai entre les jettées. La marée commençoit à ſortir du port, ce qui me mit dans le cas de me perdre ſur un banc qui eſt à ſtribord en entrant en dedans des jettées. Heureuſement il ſe trouva une chaloupe du port qui porta promptement une amarre ſur les pilots de la jettée de l'eſt ou de bas-bord en entrant.. Lorſqu'on vient de la partie du nord pour prendre connoiſſance des terres d'Oſtende on voit d'abord deux tours, dont la plus grosse qui a une fleche est celle de la Paroisse. L'autre qui est terminée par une gallerie, est celle de l'horloge ou de la maison de ville. Pour approcher la terre il faut mettre les deux tours l'une par l'autre, jusqu'à prendre connoissance de la Bouée qui est à l'extrémité occidentale de la traverse, sur laquelle il y a un petit pavillon rouge qu'on laisse à bas-bord ; l'on gouverne ensuite sur la jettée de l'est qui est la plus saine, & qu'il faut ranger soit en entrant soit en sortant. On passe de pleine mer sur le Stroom & sur la traverse. La mer monte de 18 pieds sur ces deux bancs. Un pilote entretenu a soin moyennant un petit pavillon bleu qu'il met à mi-marée, de faire connoître que les petits bâtimens peuvent entrer. Il met un autre grand pavillon bleu dans lequel on voit un aigle, pour avertir les gros bâtimens qu'ils peuvent donner dans le port. Si l'on ne met point de pavillons, c'est une marque qu'il n'y a pas assez d'eau; dans ce cas, s'il est pleine mer, il faut prendre le parti de revirer au large ou de mouiller ; on peut mouiller en rade ou à terre du Stroom, & dans l'ouest-nord-ouest de la traverse par 6 à 7 brasses d'eau fond de sable. La mer monte à Ostende dans les nouvelles ou pleines lunes de 19 pieds, & de 14 pieds dans les mortes eaux. Il reste de basse mer sur le Stroom 6 à 7 pieds d'eau. La marque pour l'éviter est de tenir les deux tours ouvertes de la largeur apparente de la plus grosse des deux tours qu'il faut laisser à l'est. A la pointe orientale dudit banc il reste 3 brasses d'eau. Il ne reste que

3 pieds d'eau ſur la barre ou la traverſe, & même 2 pieds un peu à l'eſt de la jettée au bout des pieux ou pilots. Enfin pour entrer à Oſtende il faut faire attention à l'heure de la marée, qui eſt dans le port de 12 heures dans les nouvelles & pleines lunes, & de trois heures ſur les bancs qui ſont au large. Il faut encore faire attention que le flot porte avec rapidité dans l'eſt-nord-eſt, c'eſt pourquoi l'on doit gouverner un peu en dedans de la jettée de l'eſt, & manœuvrer ſelon les vents. L'entrée du port ou des jettées eſt ſud-ſud-eſt & nord-nord-oueſt; mais après avoir dépaſſé le banc qui eſt à ſtribord en entrant, le port fait un coude & court au ſud-ſud-oueſt. Si l'on eſt obligé d'entrer ſans pilote dans le port, & ſi le vent eſt fort il faut être prêt à mouiller l'ancre de bas-bord auſſitôt qu'on a dépaſſé le banc qui eſt à l'entrée du port & qu'on a mis le cap au ſud-ſud-oueſt; car ſi l'on ne mouilloit pas on ſeroit emporté par le courant ſur les vaſes au fond du port. Le port d'Oſtende eſt très-commode pour tout bâtiment au-deſſous de quarante canons; mais il ſe comble tous les jours, ſur-tout depuis qu'on a fait une digue pour empêcher l'inondation du Polder Ste. Catherine, qui eſt d'environ 2500 arpens de terre aujourd'hui bien cultivés. On peut faire dans ce terrein autrefois inondé, le plus beau baſſin de l'univers en formant une écluſe dans le milieu de la digue faite il y a 30 ans pour s'oppoſer à l'inondation. Les Oſtendois pourront nétoyer & creuſer leur port au-

tant qu'ils voudront, par le moyen des eaux qu'ils peuvent mettre à la marée montante dans le *Sandfort*. A l'égard du banc, qui est en dedans les jettées à stribord en entrant, il est facile de le détruire en faisant un épi sur la jettée de l'est pour changer la direction des chasses par un angle de réflexion égale à celui d'incidence; les eaux de la belle écluse de Schlick, quoique très-éloignée & très-mal placée, suffisent pour enlever ce banc. Si l'on avoit placé cette écluse plus près du port marchand à l'entrée du canal de Bruges, on auroit réuni sa défense & son utilité, au lieu qu'en l'endroit où elle est elle fait peu d'effet pour curer le port, & qu'il est difficile de la protéger contre l'ennemi. La ville d'Ostende est petite, mais très-jolie; elle s'est rendue célèbre durant les guerres des Pays-Bas : Ostende tire sans doute son nom de sa situation; car comme elle est à l'extrémité de la Flandres du côté de l'est on la nomme *Ostende*, tirée de ces deux mots *ost* qui signifie *est*, & *end* qui signifie *fin*, c'est-à-dire *fin du côté de l'est*. Ostende s'est sur-tout illustrée par le siége qu'elle soutint en 1601, contre l'Archiduc. Ce siége, qui dura trois ans, commença au mois de juillet 1601, & la ville ne capitula qu'au mois de septembre 1604. Il périt pendant le siége quinze Colonels, sept Maréchaux de camp, cinq cens soixante-cinq Capitaines, trois cens vingt-deux Portes-enseignes, quatre mille neuf cens onze Sergens, onze cens soixante-six Lieutenans, neuf mille cent soixante-

Etymologie d'Ostende.

Anecdotes sur Ostende.

ſix Caporaux, ſix cens dix Anſpaſſades, cinquante-quatre mille trois cens ſoixante-ſix Soldats, ſix mille onze Matelots, onze cens quatre-ving-ſeize femmes ou enfans, ce qui fait plus de ſoixante-dix-huit mille perſonnes. Oſtende n'a commencé à être fortifié qu'en 1572. C'étoit cependant une ville connue pluſieurs ſiécles auparavant, car on voit dans la grande chronique de Flandres que Robert de Friſe dixiéme Comte de Flandres, mourut en 1093, après avoir gouverné 22 ans, & bâti trente Egliſes dédiées à S. Pierre, dont la première fut élevée à Oſtende. L'abrégé de la chronique de Flandres (*a*) fait auſſi mention d'Oſtende en parlant de Philipes Elſaten ſeizieme comte de Flandres qui mourut en 1191, & qui fit pendre & expoſer ſur des roues le long de la côte depuis Blankemberg juſqu'à Oſtende, quatre-vingt Gentilshommes normands qui s'étoient emparés de quelques navires appartenans à la princeſſe de Portugal ſa femme. Du tems de Philipes Elſaten on trouva ſur la côte près d'Oſtende un monſtre marin qui avoit 40 pieds de longeur & 8 groſſes pattes. Jacques Marchantiers dans ſa deſcription de Flandres livre premier page 79, dit en parlant de ce monſtre, *Roſtro aquilino, criſtâ gladiatâ*; l'expreſſion de *criſtâ gladiatâ* me feroit juger que cet animal étoit un Eſpadon, peut-être d'une eſpéce particuliere.

Départ d'Oſtende.

Après avoir fait réparer à Oſtende le bâtiment du

(*a*) Chronique abrégée, chap. xxiij. p. 30 & 31.

Roi & rafraichi l'équipage, je me disposai le 12 de septembre à continuer ma route pour Brest.

Le 13 à midi les vents à l'est, bon frais, le tems sombre, je sortis du port en rangeant la jettée de l'est. Quand nous fûmes en dehors des jettées nous mîmes le cap à l'ouest, pour passer au-sud de la bouée qui est à l'extrémité du banc devant le port. Après avoir dépassé cette bouée nous gouvernâmes du ouest-nord-ouest au ouest-sud-ouest, côtoyant la côte à trois quart de lieues de distance jusques devant Nieuport, que nous arrondîmes en nous écartant un peu plus de terre. A 4 heures nous mîmes le cap au sud pour éviter la pointe de l'est du Brac, & gagner l'entrée de la rade de Dunkerque du côté de l'est. Lorsqu'étant au large du brac du côté de l'est, on veut approcher la terre pour gagner le chenal, on doit mettre la tour de Sainte Catherine par les deux tours de Bergues, en tenant cependant celle de Bergues un peu à l'est de celles de Sainte Catherine, qui est la seule tour qui soit sur la côte en cet endroit. Connoissant par la sonde ou l'augmentation de l'eau, que nous avions passé la pointe de l'est du brac, & que nous étions dans le chenal de l'entrée de la rade, nous gouvernâmes au nord-ouest & nord-quart-ouest sous le petit hunier pour aller chercher notre mouillage. A quatre heures & demie nous laissâmes tomber l'ancre par 7 brasses d'eau fond de sable vasard, & nous affourchâmes est & ouest même fond & même brassiage. Etant affourché je re-

Mouillage à Dunkerque.

levai le risban au ſud quart-ſud-oueſt, & la tour de Dunkerque au ſud. Je ne dois point oublier de dire que pour aller d'Oſtende à Dunkerque il y a un chenal plus facile & plus ſûr que celui que nous fîmes, ſur-tout pour un bâtiment comme l'Hirondelle ; il ne s'agit que de ranger la côte à un quart de lieue de diſtance, & d'avoir ſoin d'arrondir le banc qui eſt à l'entrée de Nieuport. La rade de Dunkerque eſt bonne parce qu'il y a peu d'eau (*a*) & que la tenue eſt forte. Cette rade peut contenir la plus grande armée navale ; elle n'eſt fermée que par un banc de ſable nommé le Brac, ſur lequel il ne reſte qu'une braſſe d'eau à baſſe mer, & qui aſſeche même en pluſieurs endroits. Les vents les plus à craindre dans cette rade ſont ceux depuis le oueſt-nord-oueſt juſqu'au nord-eſt. La mer y eſt ſouvent très-groſſe, ſur-tout quand le vent ſouffle du oueſt-nord-oueſt, parce que la lame entre par la paſſe de l'oueſt. Ce vent eſt le plus propre à faire chaſſer les ancres & rompre les cables, ſur-tout à la marée montante, parce que les vaiſſeaux ont à ſoutenir en même-tems & l'effort du vent & l'impulſion du flux.

Remarques ſur la rade de Dunkerque.

Dunkerque eſt célebre par ſon antiquité, par ſon port & par ſes révolutions. Environ ſoixante ans avant l'ere chrétienne, les peuples qui habitoient les côtes de la mer où eſt ſituée Dunkerque s'appelloient *Diabintes*. Ce nom qui eſt latiniſé tire ſon origine de la langue teutonique, dans laquelle il s'écrit ainſi,

Extrait de l'hiſtoire de Dunkerque.

(*a*) On mouille par ſix, ſept, huit & neuf braſſes d'eau.

Die

Die Hap-Inden, & signifie *Navigantes in portu securis formæ*, ou *ceux qui naviguent dans le port fait en forme de hache*. Les *Morins* étoient leurs voisins, c'est-à-dire ceux de Boulogne, Calais, Saint-Omer, Thérouane, & Aire; & ceux de Bergues, Honscotte, Furne, Dixmude & Nieuxport se nommoient *Menapiens*. Ces trois peuples joints aux *Nerviens*, leurs alliés, allerent au-devant de *César* quand il conquit les Gaules, & lui livrerent bataille sur les bords de la Sambre; elle resta long-tems indécise, & *César* ne la gagna que par un secours considérable qu'il reçut pendant ce combat, malgré cela il perdit tant de monde, qu'il ne put subjuguer ces peuples que les années suivantes qu'il leur livra une seconde bataille où ils furent défaits; ils se réfugierent dans les bois, & s'y défendirent courageusement pendant deux ans avant d'être subjugués; César s'en étant rendu maître, leur laissa pour gouverneur Corvinius. Les Romains construisirent plusieurs forteresses, entr'autres celle de Cassel à six lieues de Dunkerque dans les terres, où résidoit le gouverneur des Pays-Bas. Le village de Mardyck, dont on fit une très-bonne forteresse dans la suite, est situé à une lieue & demie ou environ à l'ouest de Dunkerque, il a donné le nom à plusieurs camps & batailles; c'étoit autrefois le célèbre *Portus iccius*, dont César parle dans ses Commentaires qui en a même retenu le nom, comme qui diroit *la mer Diccium*, ou *mare Dick* selon quelques auteurs, le sieur Chifflet en a donné une carte & une defcription affez ample : il dit que la plus grande partie de ce pays étoit du tems de Céfar couverte de bois, & inondée dans d'autres endroits, & qu'il n'y avoit que quelques digues ou chemins élevés au-deffus des marais qui conduifoient aux ports de mer. Celui Dick ou *Diccium* étoit le plus confidérable, & s'appelloit le port ultérieur ou extérieur; la mer s'étendoit alors jufqu'à un bourg nommé *Cithieu*, qui étoit le port intérieur ou citérieur, d'où s'eft formé *Cithieu*. Ce bourg s'eft appellé enfuite S. Omer, du nom d'un évêque de Thérouane qui y fit bâtir une églife & plufieurs maifons pour établir quelques pauvres de fon Diocèfe, & les faire vivre par le commerce de ce port. Après fa mort les reliques de ce faint ayant été tranfportées à Cithieu, on a donné fon nom à l'Eglife & à la Ville qui fut bâtie dans la fuite.

Saint Victricius, évêque de Rouen, fut le premier qui vint prêcher fur les côtes de Dunkerque la Religion chrétienne en 396. Les derniers Romains furent chaffés par Méroüe, qui foumit cette province à la domination françoife en 450. S. Eloi vint y prêcher la foi en 646, & y fit quelque féjour, ce qui attira grand nombre de profélites; il y fit bâtir une églife affez grande dans les Dunes, où quantité de pêcheurs & pauvres gens étoient établis depuis long-tems. Cet endroit fut bientôt fréquenté des Chrétiens des environs; on donna le nom de Dunkerque à cette églife, & à la ville qui fe forma par la fuite dans cet endroit. Le mot *Kerke* en langue teutonne, d'où dérive la flamande, signifie *temple* ou *église*. On appella ce lieu d'un nom composé de ces deux mots, *Dune* & *Kerke*, & par abréviation on a dit *Dunkerque*.

Les Pays-Bas furent long-tems gouvernés par des Forestiers établis par des Rois de France. Baudouin en 864, étoit Forestier de Flandres ou des Pays-bas; ayant enlevé & épousé Judith fille de Charles le Chauve, qui lui pardonna cet enlevement & ce mariage, il devint le premier Comte de Flandres; le Roi voulut bien en sa faveur ériger ce pays en Comté sous l'hommage de la France. Le nombre des habitans de Dunkerque augmentant tous les jours par la commodité d'un port naturel, Baudouin III. fit entourer ce lieu d'une muraille en 906, pour mettre ses habitans à couvert des incursions des brigands. Ils s'attacherent au commerce, à la pêche, & travaillerent à l'embellissement & aux commodités du port. Philippe d'Alsace y fit construire plusieurs vaisseaux de guerre pour passer dans la terre sainte. En 1170, des pirates normands, la plûpart gentilshommes, interrompirent leur commerce en arrêtant leurs vaisseaux dans la Manche; ils arrêterent & même dépouillerent la Princesse de Portugal qui s'étoit embarquée pour venir épouser le Comte Philippes en Flandres. Ce dernier fit un gros armement à Dunkerque qu'il envoya en course contre eux. Cette flotte fut assez heureuse pour les prendre tous & les conduire à Dunkerque, où ils furent condamnés à mort comme je l'ai dit en parlant d'Oſtende. Cette défaite attira la bienveillance du Souverain ſur les Dunkerquois, auxquels il accorda pluſieurs priviléges & exemptions. En 1232, Dunkerque ayant été vendue à Godefroi de Condé, évêque de Cambrai, à condition de retourner au comte de Flandres après ſa mort; il fit beaucoup élargir & approfondir le port, & fit faire deux jettées aſſez avant dans la mer.

Dunkerque fut ſéparé du comté de Flandres, & érigé en ſeigneurie particuliere par Robert de Bethune en faveur de Robert de Caſſel ſon fils, qui embellit la ville par un château, & y établit le magiſtrat. Il fonda trois confrairies d'arbaleſtriers, de tireurs d'arcs & d'arquebuſiers, pour exercer les bourgeois, & les perfectionner dans l'uſage des armes; étant mort ſans garçon, ſa fille unique Jolande épouſa un duc de Bar. Cette alliance donna les premieres armes de Dunkerque.

En 1382, les Gantois s'étant révoltés contre leur ſouverain, appellerent à leur ſecours les Anglois, & s'emparerent de la ville de Dunkerque; mais Charles VI, roi de France, la reprit en la même année, & la rendit à ſon ſeigneur.

En 1403, on rétablit les murailles & fortifications endommagées par ces ſieges, & l'on approfondit beaucoup les foſſés.

En 1436, les Anglois prirent Dunkerque.

En 1440, on bâtit une église au pied de la tour élevée peu de tems auparavant, pour servir de fare, & de clocher pour la paroisse.

Entre plusieurs grands hommes que cette ville a produits, on trouve un *Nicolas Vandehelle*, grand théologien, quatre fois recteur-magnifique de l'université de Louvain, un *Corneille Schepper*, grand philosophe & bon politique, qui, sous François premier, fut à Paris professeur de Philosophie & de Mathématique. Il fut choisi par Charles V. pour ménager ses intérêts avec la plus grande partie des princes de l'Europe, & fut nommé deux fois ambassadeur vers le sultan Soliman; il étoit fort estimé de tous les savans.

La pêche ayant toujours fait le principal commerce de la ville. On comptoit en 1532 jusqu'à cinq cens busses ou navires de cinquante à soixante tonneaux destinés à la pêche dans le Nord; chacun de ces pêcheurs, parmi les filets que l'on jettoit à la mer, en avoit un appellé le filet saint; tout le poisson qui s'y prenoit étoit vendu au profit de l'église; de ce profit on rebâtit en 1560 l'église qui avoit été brûlée en 1558.

Dans la guerre qu'eut la France en 1558 contre l'Espagne & l'Angleterre, le maréchal de Termes, avec dix-sept mille hommes, vint faire le siege de Dunkerque. Il n'y avoit pour-lors dans cette place que quatre cens hommes de garnison; elle fut prise d'assaut &

pillée, quantité de bourgeois y furent maſſacrés. Bergues ſubit le même ſort ; le pillage fait dans ces villes & aux environs étoit ſi prodigieux, que dans le camp des François on y donnoit une vache pour deux ou trois ſols. L'on y vendit trente-huit bêtes à cornes pour un écu d'or. On avoit même briſé les cloches pour en emporter les morceaux ; les ennemis de la France ayant raſſemblé une armée dans les environs de Saint-Omer pour venir attaquer les François, le maréchal de Termes voulant ſe retirer, fit mettre le feu dans pluſieurs endroits de la ville, pour achever de détruire ce qui avoit échappé à la rage de ſes ſoldats ; l'égliſe, les couvents & preſque toute la ville furent conſumés par les flammes, ainſi que pluſieurs navires chargés de butin que les vents contraires avoient retenus dans le port. Après ces horreurs, il ſe mit en marche pour réjoindre le gros de ſon armée, mais le comte d'Egmont, général des Eſpagnols ſurvint avec quinze mille hommes de troupes, & quantité de payſans qui taillerent en pieces le maréchal de Termes, & le firent même priſonnier avec les principaux de ſon armée.

En 1583, la ville de Dunkerque fut priſe par les confédérés, & repriſe la même année par le duc de Parme, qui fit réparer conſidérablement le port, & y fit conſtruire pluſieurs vaiſſeaux de guerre, entr'autres quatorze commandés par le vice-amiral de Wacken, qui fit beaucoup de priſes ſur les Hollandois ; l'année suivante, les armateurs soutenus de ces vaisseaux firent aussi quantité de prises qu'ils faisoient entrer dans le port, quoiqu'il fût bloqué par une escadre hollandoise. Charles Dauwere & son fils Jean étoient les chefs de ces flottes d'armateurs ; ils étoient tous deux intrépides & très-habiles dans la manœuvre, ce qui fit retirer l'escadre des Hollandois qui coutoit beaucoup sans donner aucun profit. Ce fut vers ce tems qu'arriva dans la Manche l'armée navale (a) des Espagnols, nommée l'*Invincible*, qu'une tempête dispersa ; plusieurs navires périrent en mer ; d'autres se perdirent sur les côtes de France & d'Angleterre, & les tristes débris de cette flotte furent conduits heureusement en Espagne par l'habileté du capitaine Michel Jacobs, Dunkerquois, excellent marin ; cependant les Dunkerquois ne cessoient d'armer en course, & de faire des prises très considérables sur les Hollandois & les Zélandois. Ces richesses attirerent à Dunkerque un grand nombre de matelots étrangers ; les Hollandois en redoublerent d'ardeur pour bloquer le port de Dunkerque en y envoyant jusqu'à cent bâtimens, ce qui n'empêcha pas les corsaires de sortir à la faveur de la nuit ou de la légereté de leurs bâtimens, & d'aller faire des

(a) Cette armée navale étoit composée de cent cinquante gros vaisseaux, sans compter les petits bâtimens. Elle étoit destinée à conquérir l'Angleterre. Elle étoit commandée par le duc de Medina Sidonia. La reine d'Angleterre engagea les pierreries de sa couronne, pour l'armement d'une flotte sous les ordres de l'amiral Houvard & du fameux François Drac en 1588.

prises dans le Nord. Ils attaquerent même un gros vaisseau de guerre commandé par le vice-amiral Anthonisen, mais qui n'étoit pas alors sur son vaisseau. En l'absence du vice-amiral, le commandant se voyant desemparé, la moitié de son équipage hors de combat, & les ennemis déja dans son bord, mit le feu aux poudres, & sauta en l'air en endommageant beaucoup les Dunkerquois. On fortifia la ville par de nouveaux ouvrages, & l'on continua heureusement la course. En 1595, un seul armateur amena dans le port de Dunkerque jusqu'à trente maîtres de busses, & d'autres navires, qu'il s'étoit contenté de rançonner pour plus de 200000 livres, somme prodigieuse pour ce siecle; un autre armateur, Daniel de Koster, revenant à Dunkerque, après avoir rançonné plusieurs bâtimens, fut entouré par la flotte hollandoise; il se battit en désespéré, & mit plusieurs navires hollandois hors de combat; enfin pressé de toute part, il mit le feu à la Sainte-Barbe, & sauta avec d'autres navires qui l'avoient abordé.

Le cardinal archiduc Albert d'Autriche, qui avoit remplacé le duc de Parme, voulant signaler son avénement au gouvernement des Pays-Bas, mit en 1596 le siege devant Calais qu'il emporta en peu de tems; cette acquisition fut un avantage pour la course. Les Hollandois intéressés à l'empêcher, mirent quatorze gros vaisseaux à l'ancre devant Dunkerque, & neuf autres tenoient la mer pour intercepter les navires qui vouloient

loient y entrer. Calais fut rendu aux François par le traité conclu en 1598 entre la France & l'Espagne ; malgré l'escadre hollandoise, les prises arrivoient toujours heureusement, & l'on se battoit avec d'autant plus de courage, que les prisonniers qu'on se faisoit de part & d'autre étoient pendus.

En 1609, il se fit une treve pour douze ans entre les Espagnols & les Hollandois. A son expiration les Armateurs joints à neuf vaisseaux espagnols ruinerent le commerce des Hollandois.

En 1622, on construisit la citadelle de Mardyck pour mettre Dunkerque à couvert des insultes des ennemis. Dans cette année Jean Jacobsen de Dunkerque, capitaine de navires commandant le S. Vincent d'environ cent cinquante hommes d'équipage, étant sorti du port d'Ostende avec deux autres bâtimens de guerre commandés par deux Espagnols ; neuf vaisseaux de guerre hollandois, environ quatre heures après sa sortie, environnerent & canonerent le S. Vincent. Ses deux camarades se sauverent. Jacobsen soutint seul le combat pendant treize heures, coula deux des vaisseaux ennemis à fond, & endommagea beaucoup les autres, mais réduit à trois ou quatre hommes de son bord, le reste ayant été tué ou blessé, & cinquante des ennemis s'étant jettés dans son navire, il mit le feu aux poudres, & sauta avec eux; le fracas fut si terrible, qu'un des navires hollandois fut démâté, & qu'un autre manqua de couler à fond par le poids de quelques gros canons de bronze qui sauterent en l'air & tomberent sur son pont; tous les autres étoient dans un très-mauvais état. Plus de quatre cens hommes des ennemis périrent dans ce combat. Cette perte, loin de diminuer le courage des Dunkerquois, ne fit que les animer davantage pour venger leurs compatriotes. Les sieurs Wandewalle pere & fils équiperent dix-huit vaisseaux, qui joints à d'autres firent plus de six cens prises, dont six vaisseaux de guerre de la premiere force; des seules prises faites par quatre des vaisseaux de Wandewalle, le dixieme qui en revint au roi d'Espagne montoit à plus de cent mille florins; & malgré les escadres des Hollandois qui bloquoient toûjours le port dans cette guerre, les Corsaires de cette ville ruinerent leur pêche & leur commerce. En 1626, le profit de la course fut évalué à plus de dix millions. En 1629, les Dunkerquois enleverent quatre-vingt-onze vaisseaux richement chargés, sans compter les rançons & d'autres bâtimens qu'ils brulerent en Norvége & ailleurs.

Mathieu Rombout dunkerquois, vice-amiral des Espagnols, combattit l'amiral Pierre Hein; ce dernier perdit la vie. Il fut très-regretté des Hollandois. Ceux-ci fâchés de leurs pertes continuelles, après avoir privé de ses emplois le vice-amiral Drop qui commandoit devant Dunkerque, augmenterent leur flotte jusqu'à quatre-vingt vaisseaux pour le bloquer entierement; mais s'étant approché trop près du fort de Mardick, le canon fit sur cette armée un feu si bien dirigé, qu'elle fut obligée de se retirer après avoir beaucoup souffert.

La guerre ayant été déclarée en 1635, entre la France & l'Espagne, les Dunkerquois enleverent d'un seul coup quatorze vaisseaux françois chargés de vin, & quelques jours après le capitaine Nortman en prit onze autres. L'amiral Colaert Dunkerquois, commandant dix-sept vaisseaux de guerre, brula près de cent cinquante busses hollandoises convoyées par une escadre, l'amiral fut lui-même brulé, & le vice-amiral fut conduit à Dunkerque. Une des prises les plus considérables fut celle de ce fameux pirate françois nommé le Loutre, monté de dix-huit pieces de canons, lequel avoit pris dix-sept navires qu'il avoit coulés à fond, & dont il avoit retiré les effets les plus précieux; on y trouva entr'autres dix-sept mille florins, six mille piastres, cent vingt-deux livres pésant d'argent en lingot, un coffre plein de vaisselle d'argent, & beaucoup de pierreries.

En 1636, ledit Colaert prit & conduisit à Dunkerque l'amiral hollandois *Haute-been* ou *Jambe-de-bois*. Ce Colaert a servi l'Espagne trente-six ans, a pris aux ennemis cent neuf navires & vingt-sept vaisseaux de guerre, & leur a enlevé plus de quinze cens pieces de canon dans différens combats; il fut blessé dix-sept fois assez dangereusement; il mourut à Dunkerque en 1637. Le grand nombre de prisonniers qu'on amenoit occasionna la peste dans cette ville; elle y fit périr grand nombre de personnes. La course favoriſoit toûjours les Armateurs, malgré une eſcadre que commandoit l'amiral Tromp pour bloquer le port. En 1640, on aggrandit l'enceinte de la baſſe ville pour y loger la quantité d'habitans qu'elle ne pouvoit plus contenir, tant les armemens qu'on y faiſoit attiroient de monde.

Ce fut en 1641, que Dom Pédro de Leon, gouverneur de Dunkerque, obligea le vice-amiral Mathieu Rombout de ſortir du port avec ſon eſcadre pour aller au ſecours des Eſpagnols lors de la révolte du Portugal. Ce gouverneur, officier général des troupes de terre, ne connoiſſoit pas la difficulté de paſſer à travers l'eſcadre ſupérieure des ennemis, qui étoit entre Graveline & la Ville. Il ne voulut pas écouter les repréſentations de Rombout, qui forcé d'obéir, fut battu comme il l'avoit prédit, & tué dans ce combat après une réſiſtance des plus opiniâtres. Une partie de ſon eſcadre fut priſe, & l'autre miſe en fuite. Sa mort fit autant de peine aux Eſpagnols, que de plaiſir à leurs ennemis dont il avoit été la terreur. Un deſcendant en ligne directe de cet amiral Rombout a fait deux campagnes ſous mes ordres en qualité de pilote.

En 1642, Joſeph Pieters, vice amiral, ſe trouvant avec cinq vaiſſeaux & une barque longue dans la rade de Vivaros en Eſpagne, y fut attaqué à onze heures du matin par vingt-quatre vaiſſeaux françois & huit galeres, dont l'amiral françois de ſoixante-ſix pieces de canon fut ſi maltraité, qu'il fut obligé de ſe retirer,

Le combat ne cessa que par la nuit, pendant laquelle ce Dunkerquois se retira avec ses six bâtimens.

En 1645, les François attaquerent le fort Mardick, qui capitula après six semaines de siege. Mais le gouverneur de Dunkerque ayant assemblé tous les matelots & quelques troupes, le reprit pendant une nuit d'hiver. Il fut repris de nouveau par les François en 1646, après un siege de 21 jours. Celui de Dunkerque suivit immédiatement; le prince de Condé s'en rendit maître en moins d'un mois, quoiqu'il fût vigoureusement deffendu par le marquis de Lede, qui fut obligé de capituler ne pouvant être secouru ni par mer ni par terre; il sortit avec les honneurs militaires.

En 1652, pendant les guerres civiles de France, l'Archiduc Léopold le reprit, & en rendit le gouvernement au marquis de Lede qui l'avoit si bien défendu auparavant.

En 1656, les Anglois s'unirent aux François & aux Hollandois pour faire la guerre à l'Espagne. Les Dunkerquois joints aux Ostendois prirent une flotte entiere de quarante vaisseaux anglois, & peu de jours après trente-trois autres bâtimens.

En 1657, le maréchal de Turenne avec quelques troupes angloises prit le fort Mardick. Il le remit aux Anglois qui y envoyerent une flotte chargée de quantité de matériaux pour fortifier cette place, & la rendre, en quelque sorte, imprenable. Ils y mirent quinze cens hommes de garnison.

En 1658, le maréchal de Turenne investit Dunkerque le Roi le joignit avec une puissante armée. Les Espagnols sous la conduite de Dom Juan d'Autriche & du prince de Condé, tenterent de jetter du secours dans la place, mais ils perdirent la bataille des Dunes, & le marquis de Lede gouverneur de la ville, étant mort des blessures qu'il avoit reçus, la garnison capitula le 25 juin après six semaines de siege. Le lendemain la garnison espagnole sortit, le Roi y entra le même jour au matin, & remit après midi cette place aux Anglois, aux conditions de laisser jouir cette ville de tous ses privileges; ainsi dans moins d'un jour elle se vit successivement sous la domination de trois couronnes. Les Armateurs de Dunkerque & d'Ostende avoient pris pendant la guerre plus de deux mille cinq cens vaisseaux. Les Anglois firent construire une forte citadelle à la place du fort Léon, & fortifierent beaucoup la ville qui fut vendue aux François en 1662, pour une somme de cinq millions par la négociation du Comte Destrades. Le Roi y fit son entrée le 2 décembre, y maintint les privileges, & accorda une franchise pour tout ce qui entroit dans ce port ou en sortoit. En 1665, on travailla à de nouvelles fortifications de même qu'à la citadelle. En 1680, on jetta les fondemens du fort Risban, du fort Verd, & de celui de Bonne-espérance au bout des jettées, qui furent perfectionnées & prolongées très-avant dans la mer. Le Roi y vint souvent voir les travaux qui durerent dix à onze ans. Le bassin fut construit en 1686.

En 1688, la France soutint la guerre contre les Hollandois, les Anglois & les Espagnols, pendant laquelle les Dunkerquois armerent considérablement. En 1689, M. Bart chargé d'escorter une flotte de quatorze vaisseaux marchands pour aller au Havre, montoit une frégate de vingt-huit canons, & M. Forbin sous ses ordres une de seize, ils rencontrerent deux vaisseaux anglois de quarante-huit & quarante-deux canons qu'ils combattirent assez long-tems pour donner le tems aux vaisseaux marchands de se rendre à leur destination, mais blessés tous deux, & ayant perdu cent quarante hommes de leur équipage & leurs bâtimens rasés de l'avant à l'arriere, ils furent pris. La perte des Anglois fut telle que le commandement de leurs vaisseaux tomba à un contre-maître, tous les officiers ayant péri dans ce combat. Les deux capitaines François s'évaderent des prisons d'Angleterre quelque-tems après. Le premier arma, & fit quantité de prises sur les ennemis. Il détruisit totalement la pêche des Hollandois, & fit une descente en Angleterre vers Neufchâtel avec sept frégates, y brûla deux cens maisons, & ramena à Dunkerque pour cinq cens mille livres de prises. Quelques jours après, il sortit avec trois frégates, croisa dans le Nord, où il s'empara d'une flotte hollandoise escortée par trois bâtimens de guerre, combattit ces derniers, en prit un, & fit prendre la fuite aux deux autres après les avoir fort maltraités. Il revint à Dunkerque avec toute la flotte chargée de bled, orge, fer & goudron, *&c.*

La France ayant fait acheter une grande provision de bled dans le Nord en 1694, M. Bart eut ordre d'aller chercher avec six frégates la flotte de cent & quelques voiles. Cette flotte partie sous l'escorte de trois vaisseaux Suédois & Danois, avoit été prise le 28 juin près le Texel par le contre-amiral de Frise *Hid-de Vries*, commandant une escadre de huit vaisseaux de guerre; mais le 29 juin, M. Bart ayant découvert cette flotte, attaqua les Hollandois avec tant de bravoure, qu'en moins d'une demi-heure il s'empara de l'amiral de cinquante-huit canons, d'un autre bâtiment de cinquante & d'un de trente-six; les cinq autres furent fort maltraités, & se sauverent. Il reprit toute la flotte; il conduisit à Dunkerque les trois bâtimens de guerre & trente navires: le reste de la flotte relâcha en divers ports de France. Le contre-amiral mourut de ses blessures peu après son arrivée. Ce service rendu à la France dans le tems d'une disette de bled extraordinaire, engagea le Roi à donner des lettres de noblesse à M. Bart, qui avoit été honoré de la croix de saint Louis quelque-tems avant pour d'autres exploits.

Le 11 août 1695, les ennemis, au nombre de cent quatorze voiles sous les ordres de l'amiral Barcklai, tenterent le bombardement de la ville; ils y envoyerent

rent plusieurs brûlots chargés d'artifices pour brûler les forts & les jettées, mais ils furent repoussés par le feu bien servi des forts, & par la vigilance de M. Derlingue qui commandoit la marine, & sortit avec plusieurs chaloupes pour accrocher les brûlots chargés d'artifice, & lancés contre les forts & jettées, & pour les éloigner de leur direction en les remorquant dans des endroits où ils brûloient sans faire de mal. M. Bart commandoit au fort de Bonne-Espérance, M. de Sainte-Claire au Château-Verd. Les ennemis jetterent plus de mille deux cens bombes & quantité de carcasses, depuis huit heures du matin jusqu'à sept heures du soir, sans faire aucun dommage: dix bombes tomberent dans le Risban, elles y tuerent un officier; une autre bombe qui tomba dans le fort Verd n'y fit que son trou; une des frégates ennemies étant échouée sur un banc à marée-basse M. Derlingue y alla avec ses chaloupes, en fit l'équipage prisonnier, & y mit le feu malgré le canon des ennemis. Cette expédition couta beaucoup aux ennemis sans profit. L'année précédente ils avoient tenté la même entreprise.

En 1696, M. Bart sorti de Dunkerque, prit dans le Nord une flotte hollandoise de cent six voiles, dont il en rançonna soixante-une après avoir enlevé à l'abordage cinq vaisseaux de guerre qui l'escortoient. Il fut fait chef d'escadre en 1697. Il partit le 5 septembre 1697 avec six vaisseaux & une frégate, pour transporter le Prince de Conti en Pologne; malgré une escadre ennemie très-supérieure qui ne pût l'entamer, il arriva à Dantzig le 26, & ramena ce prince le 11 Novembre suivant à Dunkerque, rien n'ayant répondu aux espérances que les Polonois avoient fait concevoir à ce prince. Sur ces entrefaites, la paix fut conclue à Riswick ; pendant cette guerre, les armateurs de Dunkerque avoient fait pour plus de vingt-deux millions de prises sur les ennemis.

En 1701, la guerre se raluma ; on construisit le Fort-Blanc. M. Bart ayant reçu les ordres d'armer une escadre, s'y appliqua avec tant d'activité, qu'une pleurésie le mit au tombeau le 27 avril 1702, âgé de cinquante-deux ans, généralement regretté. Son fils André suivit les traces de son pere, se distingua sous M. de Saint-Pol qui commandoit une escadre dans le Nord, & sous M. de Forbin, qui remplaça M. de Saint-Pol, tué en 1705 dans un combat où les vaisseaux qu'il commandoit eurent tout l'avantage. M. Bart, par ses services, parvint au grade de vice-amiral.

En 1712, la paix étant faite, on démolit les écluses, les forts & les fortifications de Dunkerque. Pendant cette guerre, les Dunkerquois y amenerent mille six cens quatorze prises, qui ont produit plus de trente millions, sans compter celles qui ont été conduites en d'autres ports de France.

En 1714, on creusa le canal & le port de Mardick pour donner l'écoulement aux eaux du pays. Ce port eſt à une demi-lieue de Dunkerque à l'oueſt, du côté de l'ancien Mardick. On y fit deux écluſes pour pouvoir y paſſer des navires, mais en 1717 on détruiſit la grande, & on ne conſerva que la petite de ſeize pieds pour l'écoulement des eaux. Par ce canal qui aboutiſſoit dans Dunkerque, l'on continua le commerce; mais à grands frais, & malgré toutes les oppoſitions des Anglois. On avoit jetté un bâtardeau en travers du port, entre la ville & la citadelle; mais un gros tems ayant pouſſé avec violence les eaux de la mer, il ſe rompit la veille de l'an 1720, & fut emporté tout-à-coup. On commença à y naviguer, on fit des forts & des jettées en faſcinage en 1744, & l'on entoura la ville d'un rempart de gazon; mais les forts furent démolis à la paix de 1748. Après cette paix, on fit une cunette pour l'écoulement des eaux des foſſés de la ville qui s'y corrompoient. A la derniere guerre, on rétablit l'écluſe de Bergues, le baſſin, & l'on conſtruiſit des forts en faſcinage au bord de la mer; mais à la paix, on a démoli les forts, le baſſin & la cunette, laiſſant ſubſiſter l'écluſe de Bergues pour l'écoulement des eaux.

Le 24 Septembre à neuf heures du matin ayant deux tiers de flot, & les vents au ſud-eſt foibles, j'appareillai de la rade de Dunkerque pour retourner à Breſt par la Manche. Nous gouvernâmes d'abord au oueſt-quart-nord-oueſt & oueſt-nord-oueſt pour ſortir de la rade, qui ſe termine à l'eſt & à l'oueſt par les pointes Départ de Dunkerque.

du Brac. On connoît qu'on eſt à l'oueſt du Brac ; quand on a le clocher de petite Sainte par la baliſe de Mardick, de même qu'on ſait qu'on eſt à l'eſt du Brac, quand on a le clocher de ſainte Catherine par les tours de Bergues. Lorſqu'on eſt ſorti de la rade par la paſſe de l'oueſt & qu'on veut donner dans le pas de Calais, il faut gouverner au oueſt-nord-oueſt & nord-oueſt-quart-oueſt, pour éviter le Snow, banc qui aſſeche, & qu'il faut laiſſer à basbord, il ne faut pas non plus gouverner plus nord que le nord-oueſt-quart-oueſt, de peur d'aller chercher le breban, où il ne reſte que trois pieds d'eau à baſſe mer en certains endroits ; mais on ne court aucun riſque en gouvernant au oueſt-nord-oueſt & nord-oueſt quart-oueſt. Vous connoiſſez que vous êtes en dehors, c'eſt-à-dire, à l'oueſt de tous les bancs, lorſque vous avez la tour de S. Georges qui eſt platte, par une petite dune qui paroît comme une iſle, ou bien lorſque la grande tour de Gravelines vous reſte au ſud-quart-ſud-oueſt du compas. J'étois le 24 à midi dans cette poſition, le vent étoit foible, mais ayant le juſant je faiſois du chemin. Les marées ſont de douze heures à Dunkerque, de onze heures & demie à Calais, & de trois heures dans le milieu du pas. De midi à ſix heures je fis route à l'oueſt, toutes voiles dehors, les vents toûjours de la partie du ſud-eſt foibles. A ſix heures je relevai le cap Grines au ſud, 4 degrés oueſt diſtance de trois lieues, & le château de Douvres au nord-nord-oueſt, diſtance de quatre lieues, d'où je pris mon point de départ, gouvernant au oueſt-quart-ſud-oueſt & oueſt-ſud-oueſt.

Le 25 au point du jour j'étois à cinq lieues de la côte d'Angleterre, & par mon eſtime je devois en être à huit lieues; le flot que nous avions eu depuis ſept heures juſqu'à minuit nous avoit ſans doute jetté dans la partie du nord. A midi le cap *Beahey-head* (*a*) à la côte d'Angleterre me reſtoit au nord du compas, diſtance de quatre lieues & demie, & j'obſervai 19 degrés 52 minutes de variation. Depuis midi juſqu'à deux heures, les vents de la partie du ſud-ſud-oueſt foibles, je gouvernai à l'oueſt; à deux heures les vents ayant paſſé à l'oueſt, & la marée allant de juſant, je mis le cap au ſud-ſud-oueſt. A ſix heures je relevai le cap Beahey au nord-nord-eſt, diſtance de huit lieues. A ſept heures ayant calme plat & flot, je mouillai une petite ancre par 26 braſſes d'eau fond de graviers & coquilles briſées. Je fis enſuite jetter le lock, qui me fit connoître que la marée faiſoit trois nœuds. A 11 heures les vents au ſud-ſud-oueſt, je fis appareiller & gouverner à l'oueſt.

Le 26 à midi je reconnus la pointe de Barfleur qui me reſtoit au ſud oueſt-quart-oueſt, diſtance de ſept lieues. J'obſervai 50 degrés de latitude, & j'étois par trois degrés 18 minutes de différence occidentale du

(*a*) Le cap Beahey ſur la carte angloiſe eſt le même que le cap Bevezier ſur la carte françoiſe.

méridien de Paris. De midi à 5 heures, les vents au ſud aſſez foibles, je gouvernai au oueſt-quart-nord-oueſt & au oueſt-nord-oueſt toutes voiles dehors. A 5 heures ayant commencement de flot, je mouillai une ancre à touer par 37 braſſes d'eau, fond de petits cailloux & coquillages. Etant mouillé, le cap la Hague me reſtoit au ſud-ſud-oueſt 5 degrés oueſt, diſtance de ſix lieues. La marée faiſoit cinq nœuds à ſept heures & demie.

A 8 heures mon ancre s'étant rompu par le milieu de la verge, j'appareillai toutes mes voiles en virant en même-tems mes grelins. Je gouvernai au oueſt-quart-nord-oueſt pour préſenter le cap au courant ; à 10 heures je gouvernai au oueſt-nord oueſt & nord-oueſt-quart-oueſt pour ne point approcher les caſquets; à minuit ayant bonne connoiſſance des feux des caſquets, je gouvernai au oueſt-nord-oueſt ; à 4 heures je mis le cap au oueſt-ſud-oueſt, & à 7 heures les vents au ſud-eſt je fis gouverner au ſud-oueſt pour aller attaquer la côte de Bretagne. Le 27 à midi j'obſervai 49 degrés 30 minutes de latitude, & j'étois par 6 degrés 3 minutes de longitude. Le même jour j'obſervai au lever du ſoleil 19 degrés 45 minutes de variation. De midi à 4 heures je gouvernai au ſud-oueſt, les vents au ſud-eſt frais, la mer belle. A 4 heures voyant la terre que je prolongeois par ma route, je tins le plus près pour la reconnoître avant la nuit. A 6 heures je relevai la plus groſſe des ſept iſles au ſud-ſud-eſt, diſtance de quatre lieues ; je mis le cap à l'ouest, & j'y gouvernai toute la nuit à petites voiles.

Le 28 à cinq heures du matin je serrai la terre; à sept heures j'étois nord & sud d'Abrévrack. Je continuai à filer le long de la côte, je donnai à neuf heures dans le Four, où trouvant les vents contraires je louvoyai jusqu'à onze heures que le flot me força de mouiller une petite ancre par 26 brasses d'eau fond de gravier, à une lieu dans le sud-sud-ouest de la roche qu'on nomme le Four. J'appareillai à cinq heures après midi, mais la nuit m'obligea de mouiller au Blanc Sablon.

Le 29 à sept heures du matin, les vents de la partie du sud foibles & variables, j'appareillai & passai en cajolant entre la grande & la petite Vinotierre. Je mouillai en la rade de Brest à six heures du soir, & le lendemain mon Bâtiment entra dans le port pour désarmer.

FIN.

ERRATA.

Page 4, ligne 5, atterage, *lisez* ancrage. *page 22, ligne 10*, j'admets le vent pour la seconde de la formation de la glace; *lisez*, pour la seconde cause accidentelle de la formation de la glace. *page 30*, soin à fourrer, *lisez* soin de fourrer. *page 41, ligne 6*, verté, *lisez* vert. *page 4[illegible], ligne 33*, *nutritio*, lisez, *nutritio*. *page 98, ligne 15*, de quelque condition & de religion qu'il soit, *lisez* de quelque condition & de quelque religion. *page 100, ligne 14*, presque pêcheurs, *lisez* presque tous pêcheurs. *page 175, ligne 14*, bouchent même le passage, *lisez* bouchent quelquefois le passage.

EXPLICATION

Des termes de Marine dans cette Relation.

A.

ACCORDS (*d'un banc*), ce sont les bords ou les extrémités.

AFFOURCHER, c'eſt arrêter un vaiſſeau par deux ancres oppoſées.

AMENER, c'eſt baiſſer quelque choſe.

ANÇRAGE, c'eſt un mouillage, ou un endroit où on peut jetter l'ancre.

ANSE, enfoncement d'un endroit de la côte.

APPAREILLER, c'eſt lever les ancres & mettre à la voile.

ARRIMER, c'eſt arranger avec ordre le leſt, les vivres, & la cargaiſon d'un bâtiment.

ARRIVER, c'eſt obéir au vent en s'éloignant de la ligne du plus près.

ARRONDIR une roche, une pointe; c'eſt lui donner du tour.

ARTIMON, c'eſt le mât de l'arriere.

ATTAQUER LA TERRE, c'eſt s'en approcher pour la reconnoître.

ATTÉRER, c'eſt s'approcher d'une terre, & la reconnoître en revenant d'un voyage.

B.

BALISE, c'eſt un bâton ou une perche qui déſigne un danger ſous l'eau.

BANC, c'eſt une élévation dans le fond de la mer.

BANQUISE, c'eſt un amas de glaces moyennes & flottantes.

BARBE (*ſainte*), c'eſt le lieu où l'on garde les poudres.

BARRE, c'eſt un banc de ſable à l'entrée d'un port, ſur lequel il y a moins d'eau que dans le port.

BAS-BORD, c'eſt le côté gauche du vaiſſeau en regardant l'avant.

BASSE, c'eſt un danger à fleur d'eau.

BATURE, c'eſt un danger ſous l'eau.

BAIE, c'eſt un grand enfoncement dans les terres.

BERNE, mettre pavillon en berne ; c'eſt plier le pavillon & le hiſſer.

BOUÉE, c'eſt un bois ou tonneau flottant, qui indique l'endroit où l'ancre eſt mouillée.

BRASSE, c'eſt une meſure de cinq pieds de roi.

BRISANS, ce ſont des rochers ou autres dangers ſur leſquels la mer ſe briſe.

BRULOT, c'eſt un bâtiment chargé d'artifices.

BRUME, brouillard épais.

C.

CABLE, c'eſt un gros cordage qui retient le vaiſſeau par le moyen de l'ancre.

CABLURE *ou* ENCABLURE, c'eſt la longueur d'un cable ou de cent vingt braſſes.

CAJOLER, c'eſt faire route en travers par le moyen du courant ou de la marée.

CANOT, c'eſt un bâtiment plus petit que la chaloupe.

CARENER, c'eſt chauffer, calfater & enduire la partie du bâtiment qui doit être ſubmergée.

CARGUES, ce ſont des cordages qui ſervent à ſerrer les voiles.

CHALOUPE, c'eſt un petit bâtiment qui ſert à porter le cable & l'ancre, & ſert aux autres beſoins d'un vaiſſeau.

COMPAS, COMPAS DE ROUTE, c'eſt la bouſſole.

CORPS-MORT, c'eſt un point fixe à terre ou en mer, qui ſert à amarrer un bâtiment.

COTOYER, c'eſt faire route le long d'une côte.

COUP-DE-MER, c'eſt une groſſe vague qui ſe briſe contre le bâtiment.

D.

DÉGRADÉ, ſe dit d'un bâtiment que la force du vent a éloigné de terre.

DESAFFOURCHER, c'eſt lever une des ancres.

DESEMPARÉ (*être*), c'eſt avoir ſes voiles, ſes manœuvres, ou ſes mâts coupés par le canon.

DOUBLER UNE ROCHE, UNE POINTE, c'eſt la dépaſſer.

DRISSE, c'eſt un cordage qui ſert à hiſſer ou à élever.

E.

ECHOUER, c'eſt toucher & reſter en un endroit faute d'eau pour faire flotter le bâtiment.

ENCABLURE, c'eſt la longueur d'un cable.

ÉTABLISSEMENT D'UN PORT *ou* DES MARÉES DANS UN PORT, c'eſt l'heure à laquelle il eſt pleine-mer dans les nouvelles & pleines lunes.

ÉVITER, c'eſt préſenter la proue au vent ou à la marée.

F.

FAIRE DE L'EAU *ou* AVOIR UNE VOIE D'EAU, c'eſt lorſque par vétuſté ou par accident l'eau pénetre dans le bâtiment.

FAIRE TESTE, ſe dit d'un bâtiment qui après avoir mouillé tourne la proue au vent ou à la marée.

FILER DU CABLE, c'eſt en lâcher, en mettre dehors une plus grande longueur.

FLOT, c'eſt le flux ou la marée montante.

FOCH, voile triangulaire qui eſt en avant.

FOURRER, c'eſt garnir un cable de petits cordages ou de toile, pour qu'il ne s'endommage pas par le frottement.

G.

GARDE-COTE, c'eſt un bâtiment armé pour défendre les côtes & empêcher la contrebande.

GISSEMENT *d'une terre*, c'eſt ſa ſituation.

GOULET, paſſage étroit entre deux terres.

GRAIN, c'eſt un vent pluvieux & momentané.

GRAPINS, ce ſont des crocs de fer.

GRELIN, c'eſt un cordage moindre qu'un cable.

H.

HAUT-FOND, c'eſt une élévation du fond ſur laquelle il n'y a pas aſſez d'eau pour faire flotter un navire.

HISSER, c'eſt hauſſer, élever quelque choſe.

HUNIER, c'eſt la voile au-deſſus de la hune.

I.

INTERLOPE, navire étranger qui fraude.

JUSANT, c'eſt le reflux, ou la marée deſcendante.

L.

LAME, c'eſt la vague.

LATITUDE, c'eſt la quantité de degrés dont on eſt éloigné de la ligne équinoxiale.

LIT DE MARÉE, c'eſt la trace que fait le courant ou la marée ſur la ſurface de la mer.

LOCK *ou* LOCH, c'eſt un inſtrument pour meſurer le chemin que fait un bâtiment.

LONGITUDE, c'eſt la quantité de degrés dont on eſt éloigné d'un premier méridien.

LOUVOYER, c'eſt aller au plus près ſur les deux bords.

M.

MALE (*mer mâle*), c'eſt une groſſe mer.

MARIER DES GRELINS, c'eſt les joindre, enſorte qu'ils faſſent force enſemble.

MARNER, c'eſt le mouvement du flux & du reflux.

METTRE A LA CAPE, c'eſt ne mettre de la voile que pour ſoutenir un bâtiment dans une tempête.

METTRE A L'AUTRE BORD, c'eſt virer de bord.

METTRE LE CAP, c'eſt préſenter la proue vers un point.

MOUILLER, c'eſt jetter l'ancre.

O.

ORIENTER, c'eſt diſpoſer les voiles pour recevoir le vent.

P.

PANNE (*mettre en panne*), c'eſt diſpoſer en même-tems des voiles pour marcher & d'autres pour reculer, de façon que le bâtiment ſoit arrêté.

PASSE, paſſage.

PIC (*être à pic*), c'eſt lorſque le cable d'un vaiſſeau mouillé eſt pour ainſi dire perpendiculaire.

PILOT *ou* PILOTIS, pieux de bois enfoncés dans l'eau.

POUPE, c'eſt l'arriere du bâtiment.

PRENDRE LES RIS, c'eſt diminuer une certaine partie d'une voile.

PRÈS, (*plus près*), c'eſt la ligne qui ſuit un bâtiment, qui tient ou ſerre le vent le plus qu'il peut.

PROUE, c'eſt l'avant.

R.

RAS DE MARÉE, ce ſont des bouillonnemens & tourbillons cauſés par des courans différens, ou par le voiſinage des roches.

RADE, endroit où un bâtiment peut mouiller.

RAFALLE, bouffée de vent ſubit & violent par repriſes.

RANGER UN ROCHER, c'eſt l'approcher par ſa route.

RECIF, danger ſous l'eau.

RELEVER, FAIRE UN RELEVEMENT, c'eſt voir à quel air de vent reſte une terre, une roche, &c.

REMOUX, *voyez* (Ras de marée.)

ROULIS, c'eſt le mouvement du bâtiment dans le ſens de ſa largeur.

S.

SAIN, SAINE, ſe dit d'un rocher, d'une côte dont l'approche n'eſt pas dangereuſe.

SEC, (*être à ſec*) c'eſt n'avoir point de voile.

SONDER, c'eſt voir combien il y a d'eau, ce qui ſe fait par le moyen d'une corde & d'un plomb.

STRIBORD, c'eſt le côté droit d'un vaiſſeau.

T.

TAILLE-MER, c'eſt la partie de l'avant qui coupe l'eau.

TANGAGE, c'eſt le mouvement du bâtiment dans le ſens de ſa longueur.

V.

VARIATION, c'eſt la déclinaiſon de l'éguille aimantée.

VENT-ARRIERE, (*avoir*), c'eſt avoir le vent en poupe.

VIRER DE BORD, c'eſt tourner le vaiſſeau pour changer de route.

Y.

YOLLE, petit canot léger.

FIN.

www.ingramcontent.com/pod-product-compliance
Ingram Content Group UK Ltd.
Pitfield, Milton Keynes, MK11 3LW, UK
UKHW012021240726
13965UKWH00002B/491